BIBLIOTECA BASICA
DE LOS TEMAS OCULTOS

Dirigida por el Dr. Jiménez del Oso

LOS TRIPULANTES DE LOS OVNIS

EDICIONES UVE

Equipo de especialistas y colaboradores:

ENIGMAS HISTORICOS

Daniel Prades.
José Luis Valverde M.
Lisardo Verdugo.
Agustín de Vicente.

ESPIRITISMO

Antonio Elegido.
Joaquín Gómez Burón.
José Luis Jordán Peña.
José León Cano.

OCULTISMO

Manuel Alonso.
Luis C. González del Pozo.
Angeles Fernández.
Paloma Navarrete.
José Antonio Sanjuán.

UFOLOGIA

Ricardo Amarillo.
José Boloix.
Martín Contreras.
Sibila Pironti.
María del Mar Ulloa.

PARAPSICOLOGIA

Mario Capel.
Luis Fernández Briones.
Rosa Insúa.
Antonio Jiménez Visedo.
Javier Parra.

© Edita: EDICIONES UVE, S. A.
Avda. Alfonso XIII, 118.
Teléfs. 413 54 94 y 413 55 43.
MADRID-16.

Director Editorial: José Antonio Valverde.
Director Literario: Joaquín Gómez Burón.

Imprime: Mateu Cromo, Artes Gráficas, S. A.
Pinto (Madrid).

Depósito Legal: M. 7.901-1980
ISBN: 84-85609-25-5
Distribuye: UVE Distribuciones.

INDICE

«Ellos» están aquí

El concepto que el hombre tiene del cosmos ha variado en pocas décadas.Tomar conciencia del papel secundario que nuestro sol desempeña en los márgenes de la galaxia ha sido un duro golpe para el chauvinista antropocentrismo que tanto satisfacía a nuestros abuelos. Cuando el conocimiento del universo –nuestro aún rudimentario conocimiento del universo– ha extendido a cientos de miles de millones el número de sistemas solares en nuestra galaxia y a cifras igualmente dilatadas el número de galaxias existentes, es incongruente plantear que este modesto planeta nuestro sea el único dotado de vida inteligente. Con toda posibilidad, son miles de mundos los que albergan otras humanidades tecnológicamente aptas para los viajes espaciales. Hablar de extraterrestres es algo más que una utopía.

Cuando los ovnis comenzaron a ser material de prensa, el tema se planteaba fascinante. De un lado estaban los que argumentaban que tales naves tenían una procedencia terrestre; del otro, aquellos que encontraban más sugestiva la hipótesis alienígena. A medida que las observaciones ganaron en número y calidad quedó evidente la imposibilidad de la explicación terrena. Aquellas naves no solamente escapaban a las posibilidades técnicas de cualquier país, sino que incluso parecían burlarse de las leyes físicas conocidas: giros en ángulo de noventa grados, detenciones instantáneas, cambios de forma y coloración...

Aceptada como más congruente la procedencia extraterrestre, se planteó otra cuestión. ¿Aquellas naves estaban tripuladas o manejadas a distancia? Esto último parecía lo más razonable; si podía concebirse un material capaz de soportar tan bruscas maniobras, no era concebible en cambio un organismo vivo con la misma resistencia.

Todos los razonamientos fueron válidos y las discusiones parecían moverse en el terreno de lo puramente teórico. Hasta que empezaron a dejarse ver los tripulantes. Primero tímidamente, sorprendidos de madrugada en algún paraje solitario. Después, en forma más despreocupada, casi insolente; para, finalmente, tomar ellos la iniciativa y secuestrar temporalmente a los desprevenidos caminantes. Progresivamente, los casos de «encuentros cercanos» se fueron acumulando sobre la mesa de los investigadores oficiales y privados; decenas, centenares de testigos —millares en la actualidad— han venido a complicar más aún el ya complejo fenómeno ovni. Porque, en contra de lo presumible, parece que estamos siendo visitados por la más variada fauna espacial. Altos, bajos, diminutos, calvos, peludos, hermosos, repulsivos... Parecía que cada testigo había visto a un extraterrestre de raza distinta. Lentamente, las descripciones pudieron irse agrupando en unas pocas, tipos básicos; pero, aun así, demasiados; tantos que, de nuevo, vuelven a invocarse factores psicológicos como responsables del fenómeno. Nuevamente, el tema ovni abandona el terreno de lo material para ser juzgado bajo el prisma de lo espiritual. Algo muy normal en la conducta del hombre cuando éste se enfrenta a un hecho desconocido e inexplicable.

No es extraña la cautela por parte de los ufólogos; de hecho, el tema ovni ha adquirido tal resonancia socio-espiritual que resulta difícil determinar hasta dónde los testigos lo son de un hecho objetivo y hasta qué punto han visto aquello que querían ver.

Es interesante comprobar cómo ha cambiado la actitud social ante el tema de los humanoides. No hace muchas décadas, los escitores de ciencia-ficción, haciéndose eco de la tendencia popular, mantenían a los alienígenas en la condición de seres extraños, repugnantes para la estética terrestre y generalmente dotados de las más perversas intenciones. Esta actitud tiene tal vez su origen en la novela de H. G. Wells, un clásico que marcó el camino seguido en este siglo por los artesanos del género. Plantear otro tipo de extraterrestres era poco aconsejable desde el punto de vista comercial. Sin embargo, en los últimos quince años, y cada vez con más frecuencia, los relatos de ciencia-ficción enfrentan a los humanos torpes y primitivos con los foráneos física y moralmente superiores. Esta tendencia es paralela a la que se observa en la realidad social. Cada vez son más numerosos los grupos de personas que elevan sus ojos al cielo en espera de los «hermanos cósmicos» que han de salvarnos. Es como si el hombre comenzara a tomar conciencia de la enorme crisis que se avecina y hubiera llegado a la conclusión de que, por sí mismo, no es capaz de salir del laberinto en que se ha metido.

Hace unos pocos siglos, quizás unas décadas, su mirada habría buscado en el cielo la señal de lo sobrenatural, la mística mano del creador, o cuando menos sus ángeles portadores de esperanza. Hoy, los ángeles son, para demasiada gente, los extraterrestres. Y lo triste es que nada nos induce a pensar así. De hecho, la experiencia nos habla de una conducta bien distinta por su parte: curiosos o indiferentes ante nuestros problemas, «ellos» parecen moverse según sus propias motivaciones, ignorando o despreciando nuestras angustias y nuestros deseos. Si toman contacto con el hombre es para pesarlo, medirlo o extraerle contenido gástrico. Y tal vez sea lo lógico; no es lícito pensar que, de estar en su situación, nuestra atracción sería distinta. No sé si hablar de «hermandad cósmica» es una ingenuidad o no; pero parece claro que los millones de personas que esperan anhelantes la muestra de esa supuesta fraternidad espacial, lo hacen más movidos por su propia angustia que apoyados en la experiencia.

«Ellos» están aquí; posiblemente llevan tiempo mezclados entre nosotros. Hay suficientes datos para plantearse cuando menos la posibilidad de que así sea. Es materia a investigar en todos los sentidos, apasionadamente si se quiere, pero sin injustificadas esperanzas. La responsabilidad de los errores cometidos sobre este planeta es sólo nuestra y a nosotros compete remediarla, si es posible; si no lo es, aceptemos con dignidad sus consecuencias.

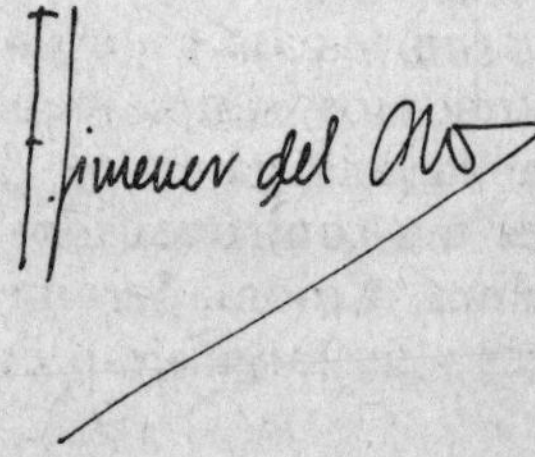

1

Tripulantes de ovnis en la antigüedad

Desde la más remota antigüedad el ser humano viene disfrutando de la presencia de ovnis y de la aparición de seres «tripulantes» de naves extraterrestres. Muchos y variados son los testimonios y hechos a los que los investigadores de este apartado nos remiten. Nosotros no vamos a entrar en la autenticidad de dichos testimonios, simplemente trataremos de mostrar al lector la variada gama de datos que aportan al tema escritores tan controvertidos como Von Daniken, Wilhelm Selhus, Colom, Jeremías López, Siragusa, Michel Carrouges y un larguísimo etcétera.

La tierra de Mu, La Lemuria, los gigantes de la isla de Pascua, el misterio de la Atlántida, los aztecas, los mayas, los etruscos, Palenque, las terrazas de Baalbeck y un número casi interminable de misterios que continuamente, mudos en su aspecto, tétricos, nos desafían con sus misterios. ¿Restos extraterrestres? ¿Culturas extinguidas?

Los extraterrestres de Mu

Para Peter Kolosimo, el enigma de Mu se presenta sumamente conflictivo y nada claro; aventura varias hipótesis, pero no se inclina por ninguna. En su excelente libro *«Non e terrestre»* expone: «... Un día muy lejano —cuenta una vieja leyenda de las Carolinas— llegaron a Ponape, en extrañas barcas relucientes, algunos extranjeros blancos. No hablaban nuestra lengua, pero traían consigo a gentes de nuestra raza con las que sí podíamos entendernos, aunque su idioma era algo distinto, por más que habían adoptado, desde hacía tiempo, las costumbres de los extranjeros. Estos últimos narraban hermosas fábulas acerca de una tierra que se extendía donde ahora está el mar, y acerca de edificios maravillosos y de hombres y mujeres felices.»

«Los recién llegados nos mostraron extrañas artes de magia, y así surgieron en el Océano islas nuevas, y nuestras naves volaron sobre las ondas, y ningún enemigo, por fuerte que fuera y armado que estuviera, pudo abatir nuestras fortalezas. Pero un día se produjo una gran tempestad que consiguió cuanto los adversarios no habían logrado. Las soberbias construcciones quedaron destruidas en el curso de unas pocas horas, y muchas islas, que antes alegraban el mar con sus flores y con el canto de los habitantes, se hundieron en los abismos.

«Los extranjeros que sobrevivieron nos incitaron a reanudar la tarea; pero nuestros coterráneos eran demasiado perezosos y descuidaron las exhortaciones de los maestros, a quienes llegaron a expulsar. Así, el pueblo de las islas decayó y el hermano ya no reconoció al hermano.»

La leyenda, como hemos dicho, nos llega de las Carolinas, y parece referirse a un punto muy preciso: la isla de Ponape, del archipiélago de las Senyavin. ¿Un jirón de tierra como otro cualquiera? No diríamos tanto, ya que allí existen ruinas ciclópeas capaces de dejarnos maravillados, y entre ellas un templo de basalto cuyos muros superan todavía hoy los diez metros de altura, circundados por otras ruinas y un laberinto de terrazas y canales. Precisamente en Ponape cree Churchaward haber identificado una de las siete magníficas leyendas, grande y sugerente acerca de las ciudades de Mu. Y Jean Dorsenne escribe:

«Inmensas construcciones erigidas en islotes artificiales, cuadrados o rectangulares, elevadas sobre parapetos y enormes bloques de basalto hacen de Ponape una extraordinaria Venecia ciclópea.»

¿Quiénes eran los extranjeros que no hablaban la lengua de Ponape? ¿Los hombres blancos de tantas antiguas tradiciones, acompañados por colaboradores polinesios ya iniciados en sorprendentes técnicas? ¿Conocerían sus «relucientes» barcas, las «extrañas artes de magia», las naves «que volaban sobre las ondas»...? Todas estas preguntas y muchas más podemos hacernos también nosotros. ¿Restos extraterrestres?

Por su parte, Gianni Lucarini relata en su libro «Los extraterrestres existen» elementos de peso sobre la famosa leyenda Mu y su probable nexo de unión con posibles «seres» extraterrestres:

«... Baluchiterium es el nombre de uno de los mamíferos más antiguos cuyos restos fueron hallados por primera vez en el desierto de Gobi, en esa desolada región, requemada por el sol, que se encuentra al sureste de Mongolia.»

Precisamente en ese sitio, tras muchas dificultades,

vino a la luz —por obra del arqueólogo soviético Koslow— una antigua ciudad llamada Khara-Khota, de una época que puede establecerse alrededor de los 5.000 años antes de Jesucristo. Pero las sorpresas no acabaron allí. Efectivamente, el primer estrato escondía a los ojos de los investigadores los restos de vestigios más antiguos, ¡de hace 18.000 años! Continuando las excavaciones, el profesor Koslow se encontró ante una extraña pintura mural: junto a dos jóvenes soberanos representados en ésta, un emblema, en cuyo centro había una letra similar a una M; el conjunto, inscrito en un círculo dividido en cuatro partes.

Detengámonos un instante para analizar este extraño símbolo. Sigue explicando G. Lucarini: «Según la teología oculta de la antigua hebraica, el círculo representa la tierra; las cuatro subdivisiones simbolizan sus componentes principales, es decir, aire, agua, tierra y fuego; mientras la figura central tiene una precisa significación política y religiosa, como el ojo de Dios o el pentáculo de Ezequiel, símbolo, este último, posteriormente adoptado por la masonería. Esta M colocada en el centro podría tener un significado político y constituir el símbolo del reino de los dos soberanos.»

Mas ¿cuál era el nombre originario del país que, a golpes de piqueta, poco a poco, estaba volviendo a la luz? Los investigadores, más inseguros que nunca, decidieron llamarlo según la fonética de la letra M, es decir Mu...

Más asombroso es el relato que también en el libro de Gianni Lucarini se refiere a los descubrimientos del notable investigador inglés James Churchward, quien en 1868, hallándose en esas tierras lejanas en cumplimiento de misiones por cierto bien diversas, tuvo la suerte de descubrir unos extraños bajorrelieves, para cuya interpretación hubo de dirigirse a un famoso sacerdote del lugar. Pero dejemos que sea el propio G. Lucarini el que nos narre la historia:

«... Según éste, los autores de aquellas esculturas eran los Naacals (los grandes hermanos). Mas ¿de dónde provenían los grandes hermanos? El sacerdote habló de Mu, la Tierra Madre. Los Naacals habrían sido nada menos que los portadores de la civilización en los diversos pueblos, como, por ejemplo, los egipcios, los fenicios, los chinos, los hindúes y los babilonios.»

No del todo conforme con las explicaciones que había obtenido, Churchward decidió estudiar más a fondo el asunto entero. Se había interesado demasiado por todo aquello y nadie lograría ya disuadirlo de sus propósitos de seguir investigando.

Por medio de ciertas relaciones que había entablado con otras personas durante sus viajes, entró en posesión de las famosas «tablillas» que los grandes hermanos, según la leyenda, habían dejado en herencia a los sabios de aquellas tierras. En ellas, el investigador halló la historia del gran continente Mu. Este debía encontrarse entre Africa y Latinoamérica. Semejante a un cuadrilátero, aproximadamente, su lado superior se dirigía hacia América del Norte y Asia, mientras su lado inferior miraba hacia la Antártida.

Pero no terminó aquí todo. Nos esperaba una información más interesante todavía. En las famosas tablillas la sombra de grandes catástrofes ha abierto un nuevo y enigmático capítulo de la historia de Mu. Dichas catástrofes se produjeron alrededor de 12.000 años antes de Cristo.

En el libro de Churchward *The lost continet of Mu* está descrita una espantosa aventura ocurrida a los remotos habitantes de aquella antiquísima tierra. Leemos un fragmento: «Cuando la estrella Bal cayó allá donde ahora no hay más que mar, las siete ciudades temblaron con sus puertas y sus templos: brotó una gran llamarada y las calles se llenaron de denso humo. Los hombres temblaron de miedo y una gran multitud se apretujó en los templos y en el palacio del rey. El rey dijo: "¿Acaso no os había anunciado esto?" y los hombres y las mujeres, vestidos con sus preciosos ropajes y adornados con sus preciosas joyas, le imploraron y le rogaron: "¡Sálvanos, Ra-Mu!" Pero el rey les predijo que todos debían morir, con sus esclavos y sus hijos, y que de sus cenizas nacería una nueva raza humana...»

Brotó una gran llamarada, y las calles se llenaron de humo. ¿Armas atómicas 12.000 años antes de Cristo? Todo es confuso y extraño. ¿Seres extraterrestres que poblaban la tierra en esas épocas? Todo es posible...

La energía atómica primitiva

Y ya que hablamos de posibles armas atómicas, ¿por qué no indagar en los archivos en busca de restos? ¿Acaso los antiguos hombres prehistóricos conocían la utilización del uranio? Por los indicios, parece que sí.

Veamos si no lo que nos relata Wilhelm Selhus en su libro titulado *Und Sie Waren Doch Da*, en el capítulo dedicado a este aspecto:

«... Hace cuarenta años, solamente algunos especialistas creían que la materia, la tabla de la mesa del profesor Debye, guardaba almacenada tan enorme cantidad de energía susceptible de ser liberada. El descubrimiento de este campo de la energía nuclear es tan reciente que casi nadie puede creer que fuera conocido antes de ahora. Pero ¿podemos estar seguros de que es realmente un descubrimiento de nuestra época? Seamos modestos e inteligentes, y no contestemos a esta pregunta sin haber examinado antes cuidadosamente los hechos.

»En 1972, el doctor G. Vendryes, jefe del Departamento de Reactores Atómicos de la Comisión de Energía Atómica francesa, publicó, junto con otros cinco colegas, un trabajo que fue muy comentado tanto por la prensa diaria como por la especializada. En el centro de estudios atómicos de Pierrelate, y en un programa rutinario de investigación, se habían analizado dos minerales de uranio procedentes de los importantes yacimientos de Oklo, en el Gabón. Con gran sorpresa encontraron los científicos que el contenido de uranio 235 no era el normal de 0,7 por 100, sino el de 0,44 por 100 o el de 0,59 por 100. Los análisis de estas extrañas muestras tomadas condujeron a mayores sorpresas: se encontraron sólo isótopos con número de masa inferior a 166. Estos isótopos se forman en la fusión de uranio 235; pero no se encuentran, en nuestro planeta, de una manera natural. Todos estos datos hicieron pensar en que allí, en el lugar del yacimiento, se había producido una reacción en cadena. Tal suposición se vio reforzada por la aparición de isótopos de neodimio, samario, europio y cerio.

»Por la valoración de todos los datos se llegó a la conclusión de que la mina de uranio debía haber contenido originariamente un 3 por 100 de uranio 235, y que por una reacción natural en cadena se habría quemado aproximadamente la mitad de este uranio. Pero para llegar a producirse la reacción nuclear deben darse una serie de condiciones. Por ejemplo, el contenido de uranio 235 debe estar enriquecido. En segundo lugar, debe existir alguna sustancia moderadora (grafito, agua pesada, etc.), es decir, una sustancia formada por elementos de átomos ligeros que no absorben neutrones o sólo una escasa cantidad de ellos. Teniendo en cuenta todas estas circunstancias, los científicos franceses interpretaron la reacción en cadena como sigue: penetró agua en los yacimientos de uranio y moderó los neutrones; de e te modo se puso en marcha la reacción en cadena. Al aumentar el calor, como efecto de la reacción, el agua se evaporó. Esta falta del moderador dio lugar a que la reacción quedase interrumpida. Al entrar de nuevo el agua se volvía a iniciar la reacción. Se calcula que, con interrupciones eventuales, este reactor natural habrá funcionado, pues, durante más o menos un millón de años. Y por los residuos sedimentarios encontrados no sería aventurado afirmar que hace mil quinientos millones de años ya estaba en funcionamiento.

»Lo sorprendente es que este reactor natural pudiera funcionar sin combustible, sin barras de control, sin refrigeración y sin asistencia técnica. Pero, reflexionando con lógica las condiciones citadas no son de ningún modo extraordinarias. Y no se puede descartar la posibilidad de que otros reactores naturales semejantes hayan funcionado en otras partes del mundo. También es posible suponer que la acción del hombre puede haber creado las condiciones precisas, en cuyo caso la cuestión fundamental se centra en la pregunta siguiente: ¿conoció el hombre de la Prehistoria o de la antigüedad el uranio?

»De esto no hay duda: los antiguos conocían el uranio. F. Kirchheimer, en una monografía sobre la historia del uranio, dice que en una pieza de cristal, de color amarillo verdoso y fluorescente, de la época de los romanos (año 79), se utilizó mica de uranio u ocre de uranio como sustancia colorante. Como nos informa D.

W. Zimmermann, del Laboratorio para Física Espacial de la Universidad de Washington, en Saint Louis, en la cerámica primitiva se encuentra, a veces, uranio, lo cual —dicho sea de paso— permite a los arqueólogos conocer, según el grado de radiactividad, la edad de las vasijas. Uranio lo hay en todo el mundo. Si se hubiese utilizado el uranio en la prehistoria o en la antigüedad, habría sido en zonas de gran cultura, como por ejemplo, en la Chihuahua, en Centroamérica.

»Preguntarnos ahora si se utilizaba la energía atómica en las zonas sometidas a la influencia de los "extraterrestres", es decir, en las zonas correspondientes a las antiguas civilizaciones, les parecerá a muchos, si no una locura, sí al menos una suposición muy temeraria. Pero recordemos que mil quinientos millones de años antes de la construcción de la "primera" pila atómica en Chicago ya se había desarrollado en Gabón (Africa), y durante más de un millón de años, una reacción en cadena natural. Podemos suponer, pues, que otras "pilas naturales" similares entraron también en actividad en otros lugares de la Tierra. En este caso, unos seres primitivos inteligentes habían aprovechado, sin duda, estas fuentes de energía, y el hombre había conocido muy pronto la radiactividad y sus aplicaciones. Naturalmente, los colonizadores cósmicos habrían podido transmitir su técnica y facilitar así el aprendizaje a los terrícolas.»

Más adelante, Wilhelm Selhus dice: «Para resolver el problema que nos hemos planteado acerca de si el hombre de la antigüedad conoció o no la energía nuclear, la lógica normal no es suficiente; debemos echar mano, una vez más, de la neológica. Con su ayuda, adoptando una postura constructiva, adivinatoria, si es necesario, podemos interpretar los hallazgos arqueológicos de tal modo que los indicios se conviertan en pruebas definitivas, convincentes.»

Aquí añadiríamos nosotros la necesidad de que el hombre de ciencia adopte esta misma postura, postura de construcción neológica, donde la sensatez cognoscitiva se imponga a esa lógica tan absurda y empírica del «cientifismo» cerrado a cal y canto.

Siguiendo con las aportaciones que W. Selhus hace sobre la posible utilización de energía nuclear por visitantes extraterrestres y en relación con seres humanos primitivos, nos remitimos nuevamente a su obra:

«... Un barorrelieve de piedra, encontrado en Oriente Próximo, nos proporciona la información suficiente acerca de este tema. La imagen del bajorrelieve nos muestra a cinco "astronautas" extraterrestres que, después de cumplida su misión —posiblemente la manipulación genética del hombre primitivo—, regresan a su nave espacial, propulsada por energía nuclar, para cargarla atómicamente. Los dos primeros astronautas llevan cántaros con agua pesada; los dos últimos, los elementos necesarios para la combustión del uranio (se observa que llevan en las manos dos barras del mismo diámetro que las usadas actualmente). El bajorrelieve demuestra indiscutiblemente que los extraterrestres conocían uno de nuestros tipos de reactor, el que utiliza el agua pesada como moderador.»

Más adelante, W. Selhus nos da una muestra aún más sólida del uso de la energía nuclear por posibles extraterrestres: «... Otra figura que bien pudiera representar a otro técnico atómico la encontramos en un bajorrelieve tolteca, en Chichen Itza. La versión de los arqueólogos, según la cual se trata de un guerrero que lleva unas lanzas en la mano derecha y una especie de lanzadardos en la izquierda, nos parece bastante chocante. ¡Imaginémonos un guerrero como éste en el campo de batalla! ¿Cómo puede arrojar una lanza si tiene las dos manos ocupadas? ¡Seamos realistas e interpretémoslo de modo neológico! El pájaro en el tocado de la cabeza indica, simbólicamente, que este hombre misterioso es un tripulante de un vehículo espacial. El objeto amplio, con tres puntas a cada lado, que lleva bajo la barbilla, también tiene relación con el vuelo. Cualquiera que conozca algo la técnica de aquel tiempo comprenderá en seguida que se trata de una pieza que sirve para sujetarse el paracaídas. Las varillas son, indiscutiblemente, para el reactor. El hecho de que sean puntiagudas tiene una explicación muy simple. Se sabe que en los reactores nucleares que emplean el grafito como moderador, ocasionalmente y al deshacerse éste, se producen algunos residuos que pueden atascar los tubos donde se introducen las varillas del reactor. Hace algunos años, en un reactor francés de este tipo tuvo lugar un accidente que ocasionó su paralización.

»Los ingenieros atómicos toltecas evitaban estos accidentes de una manera tan genial como sencilla: afilaban las barras de los reactores. Y cuando los tubos del reactor se atascaban, los golpeaban con una especie de maza especial, elástica. Una de estas mazas, probablemente de goma, es la que lleva este ingeniero en la mano derecha. Martillos como éste no deben extrañarnos, pues se utilizan hoy día para golpear material sensible (las rodillas por ejemplo, cuando el médico examina los reflejos). En esta figura hay otro detalle significativo: la plancha que protege los genitales, la parte más delicada del cuerpo, contra las radiaciones.

»Coordinando todos estos indicios neológicos podemos dictaminar, sin duda, que esta figura corresponde a un ingeniero de reactores de un aparato volador (cápsula o nave) impulsada por energía atómica...»

No sólo se encuentran rastros de la visita de seres extraterrestres a la Tierra en tiempos remotos, a través de datos que prueban la manipulación de elementos modernos, sino que también existen multitud de pruebas del paso por nuestra Tierra de extraños «seres», unas veces gigantes, otras pequeños y diminutos, otras extraños robots, en épocas pasadas. ¿Aún necesitamos más pruebas? Veamos qué testimonios nos dan otros investigadores del paso de los extraterrestres o tripulantes de ovnis en la antigüedad.

Peter Kolosimo, en su libro *Tierra sin tiempo*, proporciona un asombroso relato sobre los «Dioses Blancos»; dice: «Enorme importancia revistió para México el paso del siglo VII al VIII después de Jesucristo, que señaló precisamente el inicio de las migraciones en masa de los nahuas del Norte. El primer gran reino que surge desde esa época es el de los toltecas, que existirá de 856 a 1174 y contará entre sus soberanos al famoso Quetzalcoatl, un barbudo rey blanco, según la tradición.

»No olvidemos que es tolteca el imponente templo dedicado al «Dios de la estrella matutina» (Venus), puesto a la luz en la que fue la capital de aquel pueblo, Tula o Tollan. La ciudad fue destruida en 1168, cuando la segunda oleada de bárbaros bajó a imponerse desde el Norte y a dar origen al dominio de los chichimecas, quienes, a su vez, habían de ceder el paso a los aztecas.

»Venus, hombres blancos..., ¿cuántas veces hallamos a ese misterioso planeta y a esas legendarias figuras en la historia de la América precolombina? ¿Y cuántas veces aquél y éstas están en relación directa con la tierra desaparecida "situada allí donde sale el Sol y donde ahora no hay más que agua"?

»Hay quien pretende que la clave del gran misterio sea buscada en la leyenda de Quetzalcoatl, quinto rey de los toltecas, que habría reinado desde 977. Sigámosla en sus rasgos esenciales.

»El rey blanco era hijo del dios del cielo Mixcoatl (nombre que significa "serpiente de las nubles") y de la diosa de la tierra Chipalman ("escudo yacente"). Vino de Oriente, enseñó a los hombres todas las ciencias, les dio sabias leyes, hizo prosperar la agricultura: en su reino, el maíz crecía muy alto y las plantas de algodón daban fibras de color (lo cual es cierto).

»Quetzalcoatl predicó la paz, dijo a los hombres que no debían matar ni siquiera a los animales y que aprendieran a alimentarse únicamente con los frutos de la tierra. Pero la edad de oro duró poco: un demonio se adueño del sabio rey, le arrastró a toda suerte de bajezas, y él, avergonzado, abandonó Tula, se fue a la orilla del mar y se prendió fuego a sí mismo. Su corazón convirtióse en la estrella de la mañana...»

Vamos a explicar la leyenda en otros términos, en búsqueda de la posible clave que hemos mencionado y en la cual muchos investigadores creen firmemente: Del cielo bajaron a la Atlántida seres avanzadísimos, tanto como para parecer semejantes a dioses (Mixcoatl) a los primitivos habitantes de nuestro globo. Vinieron a bordo de una ahusada astronave («serpiente de las nubes») y se unieron con los terrícolas (Chipalman), conduciéndoles a un elevadísimo nivel de civilización. Después, desde la Atlántida, la nueva estirpe pasó a América, llevando el progreso a los antiguos habitantes de ese continente, quienes vivieron felices mientras duró la influencia de la Atlántida, cayendo después en la barbarie (el demonio). Sólo con los sacrificios (suicidio de Quetzalcoatl), sólo elevando el corazón a Venus, mundo del cual vinieron generosos astronautas, podrían aquéllos esperar superarse...

El increíble hallazgo de John Spencer

Pero sigamos buscando más y más restos de estas venidas de seres tripulantes de ovnis a la Tierra.

Otra vez es Peter Kolosimo quien con su narracción nos introduce en el extraño misterio de los «tripulantes venidos de las estrellas». Así, en su libro *No es terrestre*, nos cuenta la extraña historia de John Spencer:

«... Mr. John Spencer no era lo que se dice un hombre intachable. De haberlo sido se hubiera quedado tranquilamente en Manchuria y no se hubiera marchado con una prisa endiablada, afrontando espeluznantes itinerarios y atravesando regiones de pesadilla para ir a parar, en 1920, a Mongolia, donde quedó postrado a causa de la fatiga y la fiebre.

»Se dice que Mr. John Spencer traficaba en armas y estupefacientes, y se añade que, a ratos perdidos, acuñaba monedas por su cuenta. En ningún caso se hubiera oído hablar más de él si no hubiera tenido la suerte de desvanecerse junto a un camino recorrido por monjes budistas, quienes, misericordes, lo socorrieron, lo llevaron a la famosa lamasería de Tuerin, lo cuidaron y lo ayudaron a recuperarse.

»El azar quiso que, en aquel período, fuera huésped del monasterio un blanco de categoría moral completamente distinta: el viajero americano William Thompson, un honrado comerciante fascinado por el mundo lamaísta, invitado grato del convento desde hacía meses. Thompson debió de pintarle a Spencer, con una precipitación y un entusiasmo más bien excesivos, las maravillas y los tesoros de Tuerin, ya que Spencer, sin aguardar a estar restablecido, se dedicó a vagar por los contornos, dominado, de improviso, por un enorme interés por las maravillas descritas por su compatriota.

»Una mañana, el aventurero descubrió en las proximidades de la lamasería una insignificante escalerilla de piedra con los peldaños desgastados por el tiempo. Tras empujar una estrecha puerta de metal que se abrió sin dificultad, se encontró en una estancia cuya planta tenía la forma de un polígono, no se sabe bien si de doce, trece o más lados. Sobre las varias caras que formaban las paredes, Spencer descubrió extraños dibujos que le resultaron incomprensibles. Tras haberlos examinado con toda atención, le pareció reconocer uno que representaba la constelación de Tauro. Esta le era familiar por un motivo muy simple: el había nacido bajo este signo y llevaba en la cadena del reloj un amuleto chino que representaba esquemáticamente dicha constelación.

»Sin ningún propósito concreto, casi por juego, el hombre siguió el trazo con el índice, y al llegar al extremo de una línea, observó una incisión que representaba las Pléyades (Spencer no sabía ni siquiera que existieran las Pléyades; el punto fue posteriormente identificado por Willian Thompson). Asombrado, vio abrirse la pared suavemente, sin ruido. Al otro lado estaba oscuro. Spencer dudó unos instantes, pero la curiosidad le venció. Avanzó a tientas en las tiniebles; y estaba a punto de renunciar a la exploración cuando divisó, a lo lejos, una luminiscencia verde.

»Entonces, el sentido práctico del aventurero se impuso. Volvió sobre sus pasos, tomó de la estancia poligonal una piedra grande, la colocó de manera que la pared abierta no se cerrara a su espalda y prosiguió la exploración.

»No consiguió descubrir el origen de la luz verde, y le pareció que provenía de las junturas del techo. En todo caso, consideró innecesario proseguir la aventura. Le bastó saber que avanzaba por una galería estrecha y sólida, en la que no existía peligro de derrumbamiento. El túnel presentaba varias ramificaciones, y Spencer decidió seguir, en cualquier caso, la derecha. Para él, lo mismo daba una que otra dirección, y no quería correr el riesgo de extraviarse. Ignoraba, claro está, que aquél era justo el camino indicado por la representación de las Pléyades, trazadas arriba y a la derecha de la pared que había cedido a su presión.

»El aventurero llegó, por fin, al término de la galería y se encontró en una sala donde la luz verde brillaba más intensamente y cegadora. Adosadas a una pared se alineaban varias cajas rectangulares (de veinticinco a treinta, precisaría luego el propio Spencer), que parecían suspendidas a medio metro, aproximadamente, del pavimento. Spencer no dio importancia al fenómeno, y acaso pensó en soportes invisibles. En cambio, dedicó toda su atención a las cajas. Al punto advirtió que se trataba de sarcófagos, pero esta circunstancia, antes que impresionarle, le animó a felicitarse, imaginando los tesoros que debían estar sepultados con los pobres difuntos.

»Se percató con satisfacción de que las tapas podían levantarse con extrema facilidad, y se dedicó a pasar revista a los sarcófagos. En los tres primeros descubrió los cadáveres de monjes vestidos como los que le habían hospedado; en el cuarto, a una mujer con atavíos masculinos, confeccionados, lo menos, cincuenta años antes; en el quinto, a un indio que llevaba un manto de seda roja, y en el sexto, a un hombre cuyo vestido juzgó que se remontaba "a 1700". El aventurero comenzó a darse cuenta de dos cosas: de que los cadáveres se hallaban en perfecto estado de conservación y de que pertenecían a épocas diversas, más lejanas a medida que se aproximaban a la pared del fondo de la sala.

»En la antepenúltima caja reposaba un hombre "envuelto en un lienzo blanco", y en la penúltima, una mujer cuyo origen no supo determinar el aventurero. De las presas soñadas no había el mínimo rastro. Spencer, irritado, levantó la última tapadera y se quedó petrificado de estupor: en el ataúd yacía un ser vestido con una "especie de malla de plata", que en el lugar de la cabeza tenía "una bola también de plata, con dos orificios circulares en el lugar de los ojos y una *cosa* oval, en relieve, llena de agujeritos en lugar de nariz". ¡Y no tenía boca!

»Venciendo la sorpresa, Spencer trató de tocar aquel cuerpo, pero en seguida cambió de idea, ya que los grandes y redondos ojos del muerto se abrieron de par en par, desprendiendo un espeluznante resplandor verde.

»El aventurero dejó caer a toda prisa y con furia la tapa y se precipitó, chillando, por donde había entrado. Al cabo de unos diez metros, tuvo el buen sentido de detenerse a reflexionar, pues de otro modo nunca hubiera encontrado el camino de salida.

»Tras una larga marcha salió de nuevo al aire libre; pero cuando abandonó aquel recinto tuvo otra sorpresa: sobre el valle había caído la noche. "En total habré caminado dos o tres horas, no más —declararía a continuación—. ¡Es imposible que ahí dentro haya perdido la noción del tiempo hasta ese punto!"

»De regreso al monasterio, descompuesto, John

Spencer narró su aventura a Thompson. Este último no mostró gran sorpresa, y se limitó a amonestar a su compañero y a informarle de que referiría su osadía a los religiosos.

»A la mañana siguiente, Spencer fue llamado por un lama, quien le acogió sonriendo y le trató con una benevolencia en la que el aventurero casi no se atrevía a creer. "Mi pobre amigo —le dijo—, la fiebre le ha jugado una mala pasada. ¿Por qué no ha esperado usted a estar curado para visitar nuestros santos lugares?"

»La cordialidad del monje animó al huésped curioso a pedir explicaciones acerca del laberinto, la cámara sepulcral y el "cadáver" sin boca. El lama sacudió la cabeza y dijo: "No existen laberintos ni cadáveres. Venga conmigo si se siente con bastantes fuerzas."

»Descendieron juntos a la extraña estancia. El religioso tocó con los dedos una pared que se abrió a una galería. Caminaron los dos no más de diez minutos y desembocaron en una salita ocupada por una ménsula semejante a un altar. Sobre ella se alineaban muchos ataúdes pequeños, de no más de doce o trece centímetros de longitud. El lama los destapó con cuidado, uno por uno: contenían figurillas que representaban con exactitud a las criaturas descubiertas por Spencer.

»"Esto es lo que usted ha visto en realidad —dijo el monje, sonriendo—. Se trata de las imágenes de personas que han enriquecido la Tierra con su gran sabiduría, y a las que nosotros rendimos culto. Ha sido la fiebre, mi pobre amigo, lo que le ha hecho creer que se encontraba ante verdaderos sarcófagos. Y, como puede observar, no hay ninguna luz verde, sino tan sólo la amarilla de nuestras humildes lámparas."

»Spencer no se atrevió a replicar, pero no pudo sustraerse a preguntar quién era el personaje de la cabeza redonda, el primero de la fila. ''Un gran maestro venido de las estrellas'', respondió el lama. E indicó algunas líneas trazadas en la pared a la que estaba adosado el altar: una vez más se trataba de la constelación de Tauro, y una vez más, también, la mirada del aventurero se dirigió a las Pléyades...»

2

¿Angeles o extraterrestres?

Para muchos investigadores no hay duda sobre la existencia en los libros sagrados de narraciones que refieren la venida a la Tierra de seres de otros planetas. ¿Hasta qué punto puede esto ser cierto? Nuevamente, como en el capítulo anterior, sin entrar ni salir en polémica, vamos a pasar revista a las numerosas investigaciones que serios estudiosos del tema han llevado a cabo.

La Biblia contiene gran número de relatos cuya interpretación ufológica podría reflejar la existencia de «vehículos llegados del cielo». Hoy, lógicamente, diríamos «ovnis». El Antiguo Testamento está repleto de citas. Allí se les llama «bolas de fuego», «torbellinos en llamas», «barcas que vuelan», y existen múltiples nombres más, como «nubes fluorescentes», «nubes pesadas», «arcas voladoras», etc. Por el contrario, en el Nuevo Testamento las referencias se centran más en llamarlos «nubes».

No hay manera de averiguar cómo los «vehículos»

llegados del cielo entraron en contacto con la historia bíblica. Es de suponer que las primeras llegadas coinciden con los primeros adelantos de una supercivilización en diferentes partes del mundo. ¿Acaso vinieron los primeros extraterrestres para curiosear y observar la vida cotidiana de los primeros hombres, los «homo sapiens», que mostraban sus primerísimas señales de inteligencia? El hecho es que los descubrimientos arqueológicos indican la posible existencia de los primeros «contactos» entre humanoides y extraterrestres. Se han realizado descubrimientos de esqueletos de «tripulantes» en China, el Tibet y la India que deben tener una antigüedad aproximada de cuarenta y cinco mil años. Y lo extraño es que ya aparecen a su lado pequeñas «naves», cada una apta para ser ocupada por un solo viajero. Todas estas referencias aisladas pertenecen, claro está, a una época que debemos considerar prebíblica.

Las investigaciones del profesor Santander

Un notable investigador chileno, el profesor Ricardo Santander Batalla, director de la Escuela de Arte de Viña del Mar, muy interesado por descubrir la existencia de posibles tripulantes en los relatos bíblicos, proporciona varios ejemplos en el excelente libro *Los sin nombre*, del que recogemos lo siguiente:

«Para mí, el Antiguo Testamento sería la crónica de viajes interplanetarios, tal como los podemos concebir a la luz de nuestros actuales conocimientos tecnológicos... Tengo —dice— la convicción absoluta de la existencia de una entidad superior, totalmente desconocida e inaccesible, pero siempre presente en las manifestaciones de la naturaleza y del Universo. Tratando de vislumbrar quién es Dios y qué somos ante El, como millones de seres lo han hecho, he buscado en la historia, la astronomía, mitología y religiones, en la filosofía y en todo libro que despertara mi interés, desde el punto de vista esotérico, una explicación racional; pero confieso que siempre volví a quedar en suspenso, pues siendo excelentes las enseñanzas que de todos ellos saqué, no se vislumbra... ¿qué somos, de dónde venimos, hacia dónde vamos?

»Insistiendo en la búsqueda de lo desconocido, empecé a leer la Biblia con la sana intención de encontrar lo que buscaba; pero las pretendidas oscuridades de este libro misterioso me llevaron a terreno no sospechado, y en vez de un Dios inmaterial, me encontré con un Jehová de "cuerpo presente" con características religiosas. Al dedicarme a la investigación práctica y fría, sin misticismo, sin ateísmo y sin intenciones torcidas hacia determinadas religiones o creencias, despertó mi curiosidad un sugestivo profeta, Ezequiel, uno de los más oscuros, según algunos exegetas bíblicos, y al seguir buscando, no fueron manifestaciones sobrenaturales las que entendí en sus declaraciones y en las de otros profetas, sino hechos y sucesos tangibles.

»Los profetas —sigue explicando el profesor Santander—, a mi entender, en la mayoría de los casos nunca cayeron en "trance", ni soñaron o tuvieron alucinaciones, tal como las entendemos, sino visiones; narraron lo que vieron hasta en los detalles más pequeños, como en el caso de San Juan el Teólogo, con su extraño viaje, o el caso de Ezequiel, en las entrevistas sostenidas con los raros personajes que algunos de ellos denominan ángeles, querubines, hijos de Dios, y que otros definen como "animales con apariencia de hombres".»

Sigue explicando el profesor Santander que llevado por su convicción estudió capítulo a capítulo, minuciosamente, indagando todo lo que guardara relación con los fenómenos sobrenaturales descritos en la Bíblia. Sin embargo —según el investigador—, las enseñanzas del Antiguo y Nuevo Testamento se mantienen intactas; lo que puede cambiar es la naturaleza de los personajes, que de etéreos se convierten en carnales; de celestiales, en supercivilizados. En el Génesis, cap. V, vers. 24, se lee: «Caminó, pues, Henoch con Dios y desapareció porque se lo llevó Dios.» Aquí tenemos la primera referencia de este Dios misterioso que se lleva a Henoch, a un hombre vivo. Y en el cap. VI, vers. 2 y 4: «Viendo los Hijos de Dios que las hijas de los hombres eran hermosas, tomáronse mujeres escogiendo entre todas... y también después entraron los Hijos de Dios a las hijas de los hombres y les engendraron hijos.»

¿Quiénes eran estos extraños Hijos de Dios que tenían inclinaciones tan humanas y se permitían el lujo de seleccionar mujeres? Evidentemente hacían gala de características extremadamente terrenas. No se explica de otro modo el hecho de que tengan relaciones sexuales con las hijas de los hombres y les engendren hijos, prueba de que se reproducirían por espermatozoos, igual que nosotros.

En el Libro II de Moisés, llamado «Exodo», en el capítulo III, vers. 2 al 5, se lee lo siguiente: «Y apareciósele el ángel de Jehová en una llama de fuego en medio de una zarza; y él miró y vio que la zarza no se consumía. Entonces Moisés dijo: "Iré yo ahora y veré esta grande visión...", y díjole Jehová: "No te llegues acá; quita tus zapatos de tus pies, porque el lugar en que tú estás Tierra Santa es." Entonces Moisés tuvo miedo de mirar a Jehová.»

Moisés, llevado de su curiosidad, muy humana por lo demás, se sintió enormemente intrigado de ver un objeto luminoso detrás de la zarza, y más aún al comprobar que aquella luminosidad no quemaba la planta. Decidido a averiguar el motivo, se adelantó a investigar; pero fue detenido por una voz imperativa que le impidió continuar. Asimismo, le ordenaron quitarse el calzado, y esto último como una medida precautoria, de modo que quedara más propenso para recibir una descarga eléctrica, ya que esa Tierra Santa bien pudo ser un campo electromagnético.

Es el Libro II de los Reyes, cap. II, vers. 1 y 2, se lee: «Y aconteció que cuando quiso Jehová alzar a Elías en un torbellino al cielo, Elías venía con Eliseo de Gilgar, y díjole Elías a Eliseo: ‘‘quédate ahora quí, porque Jehová me ha enviado a Bethel.” Y Eliseo dijo: ‘‘Vive Jehová y tu alma que no te dejará.” Y los dos volvieron a Bethel.»

¡Siempre estos vehículos que bajan del cielo a trasladar a los profetas son como fuego, como torbellinos! A Elías no se lo llevaron en esta ocasión porque estaba acompañado. ¿Era acaso Eliseo un testigo molesto? Luego veremos que en realidad así era. Y en el versículo 11 del mismo capítulo se añade: «Y aconteció que yendo ellos hablando, un carro de fuego con caballos de fuego apartó a los dos, y Elías subió a los cielos en un torbellino.» ¡Confirmado el detalle! Eliseo estaba de más, y optaron por echarlo a un lado, le gustara o no. En cuanto a Elías, subió a los cielos en un carro de fuego y torbellino. Un artefacto que brilla y gira a colosal velocidad. Los comentarios huelgan...

La explosión nuclear del mar Muerto

Otro notable investigador, el profesor Michail Agrest, doctor en Matemáticas y Física, el más célebre ufólogo de Rusia, causó una gran sensación cuando publicó en Moscú, en el año 1966, la tesis de que la Tierra fue visitada desde hace un millón de años —o sea, desde comienzos de la existencia del hombre— por seres de otros mundos. El gran experto en viajes interplanetarios realizó unas sensacionales revelaciones en la Academia de Ciencias: *En los tiempos bíblicos hubo una explosión nuclear en la Tierra, en el Oriente Medio.*

Dice el célebre ufólogo Eugenio Danyans: «El profesor Agrest apoya algunos puntos de su teoría titulada "Hombres venidos del cielo", en el hecho de que los viajeros espaciales tenían su almacén de carburantes en el mar Muerto, cerca de Sodoma y Gomorra, y en las terrazas de Baalbeck, lugar donde fuera emplazado el primer aeropuerto espacial. Muchos kilómetros cuadrados fueron destruidos por la explosión atómica de los tiempos bíblicos.»

Hay quien defiende la teoría de que los extraterrestres provocaron aquella explosión antes de volver a su planeta, para evitar que pudiesen caer materiales tan peligrosos en manos de gente tan incauta. En la Biblia (Génesis, 19, vers. 24), después de relatar el tan conocido preludio que habla de la visita de «dos ángeles» con la intención de salvar a Lot y a su familia, se lee lo siguiente: «... Entonces Yahveh hizo llover sobre Sodoma y Gomorra azufre y fuego (29)... La catástrofe... arrasó las ciudades en que Lot habitaba...».

Posiblemente sea Eugenio Dayans, en su libro *Platillos volantes en la antigüedad*, quien más haya profundizado en este apasionante mundo de hipótesis bíblicas sobre los extraterrestres. De él extractamos algunos párrafos que hablan por sí solos:

«... Lo que se tiene por costumbre llamar la "visión" de las ruedas de Ezequiel, tal como está minuciosamente descrita en la Biblia, se trataría, casi seguro, de un reportaje redactado hace dos mil quinientos años, allá por el siglo VI a. de J. C., probablemente entre los años 580 al 570, en el cual el profeta no habría hecho más que relatar los acontecimientos reales de los que habría sido testigo: la llegada sobre la Tierra de cuatro criaturas venidas del espacio por medio de ingenios metálicos de forma discoidal. Es esto, por lo menos, lo que pretende afirmar en uno de los números de la revista americana *Analog-Science Fact Fiction*, consagrada al estudio comparado de la ficción y de las realidades científicas modernas, el ingeniero de aeronáutica Arthur W. Orton. Para él no cabe la menor duda de que los "cuatro seres vivientes" de los que habla Ezequiel eran astronautas de Marte o de Venus.»

En sustancia, el profeta nos cuenta haber visto la «Gloria del Señor» por tres veces, y haber sido transportado en vuelo desde ella hasta Babilonia, al campo de los hebreos en cautividad. ¿Cómo fue arrebatado? Parece ser que la «Gloria del Señor» descrita por Ezequiel se refería a la «shekinah», palabra que no se halla en la Biblia, pero que se usa en el *Targum* judío y es empleada también por los escritores cristianos, significando «habitación», para denotar la visible y majestuosa presencia de Jehová, como en la nube misteriosa que ocultaba y a la vez revelaba su gloriosa manifestación. En el Antiguo Testamento, para referirse a las apariciones de Jehová se usa varias veces el verbo «hofia» («se apareció»), que significa inicialmente «resplandor», y, por tanto, parece convenir perfectamente a las apariciones sobrenaturales, luminosas y resplandecientes de Dios. Los judíos basaban su esperanza de que volviera la «shekinah», en la época del Mesías, en muchos pasajes proféticos de la Biblia. Como tipo, la «shekinah» anunciaba la encarnación del Hijo de Dios.

Viviendo en una época en la que la única máquina existente sobre la Tierra era la humana, limitándose la mecánica a las simples poleas, Ezequiel no contaba con ningún punto de referencia para describir lo que había visto y debió contentarse con elementos comparativos como las piedras y los materiales que conocía. Pero su descripción es, sin embargo, de una notable fidelidad y amiga de los menores detalles. De ella parece deducirse que el profeta vio, en realidad, una completa y enorme máquina luciendo en el espacio con vívido fulgor. Según esto, la traducción literal de Eclesiástico 43:9 sería: «Máquina de ejército hay en las alturas, que brilla gloriosamente en el firmamento del cielo.»

Es muy posible que el incidente descrito por Ezequiel se desarrollase junto a las orillas del canal que unía el Eufrates con el Tigris, en los alrededores de Babilonia y cuando ésta se hallaba en el apogeo de su esplendor. He aquí, pues, el famoso texto del libro de Ezequiel, que hoy, a la luz de nuestros estudios acerca de los platillos volantes, parece una verdadera revelación:

Los extraterrestres de Ezequiel

«... Aconteció en el año treinta, en el mes cuarto, a los cinco días del mes, que estando yo en medio de los cautivos junto al río Quebar, los cielos se abrieron y vi visiones de Dios. En el quinto año de la deportación del rey Joaquín, a los cinco días del mes, vino la palabra de Jehová al sacerdote Ezequiel, hijo de Buzi, en la tierra de los caldeos, junto al río Quebar; vino allí sobre él la mano de Jehová. Y miré, y he aquí que venía del norte un viento tempestuoso («ruaj»: torbellino) y una gran nube (sin duda la flamígera «shekinah» o habitación de Dios), con un fuego envolvente y alrededor de él un resplandor, y en medio del fuego algo que parecía como bronce refulgente, y en medio de ello la figura de cuatro seres vivientes («zoa»: seres vivientes, en el griego de la Versión de los Setenta; allí no aparece la palabra griega «therion», significando bestias, animales). Y esta era su apariencia: había en ellos semejanzas de hombres. Cada uno tenía cuatro caras y cuatro alas. Y los pies de ellos eran derechos, y la planta de sus pies como planta de pie de becerro, y centelleaban a manera de bronce y bruñido.»

Observemos que la pierna del tipo de querubín descrito por Ezequiel carecía de rodilla y el pie no tenía coyunturas, para indicar que el movimiento era puramente volitivo; no necesitaba doblar ni rodilla ni pie, no precisaba dar pasos laboriosos, sino solamente deslizarse en cualquier elemento, en la tierra o en el aire. Los querubines son simplemente ángeles (es decir, mensajeros), pero ángeles de alta honra y de carácter principesco, y son siempre los más cercanos al trono de Dios, según fueron vistos también por el profeta Isaías y por el apóstol Juan en su Apocalipsis. Algunas veces son llamados serafines. Pero la palabra «serafines» significa únicamente «llamas brillantes» o la cualidad luminosa del querubín.

«Debajo de sus alas, a sus cuatro lados, tenían manos de hombre; y sus caras y sus alas por los cuatro lados. Con las alas se juntaban el uno al otro. No se volvían cuando andaban, sino que cada uno caminaba derecho hacia adelante. Y el aspecto de sus caras era cara de hombre, y cara de león al lado derecho de los cuatro, y cara de buey a la izquierda de los cuatro; asimismo, había en los cuatro cara de águila. Así eran sus caras. Y tenían sus alas extendidas por encima, cada uno dos, las cuales se juntaban; y las otras dos cubrían sus cuerpos. Y cada uno caminaba derecho hacia adelante; hacia donde el espíritu les movía que anduviesen, andaban; y cuando andaban, no se volvían. En cuanto a la semejanza de los seres vivientes, su aspecto era como de carbones de fuego encendidos, como visión de hachones encendidos que andaba entre los seres vivientes; y el fuego resplandecía, y del fuego salían relámpagos. Y los seres vivientes corrían y volvían a semejanza de relámpagos.»

Notemos que la rapidez de su movimiento, sea en la tierra o por el aire, se compara a un relámpago. La idea que se expresa en la versión original hebrea es que se desplazaban con «velocidad de relámpago».

«Mientras yo miraba los seres vivientes, he aquí una rueda («ofan»: rueda, círculo, disco, redondel, molinete) sobre la tierra junto a los seres vivientes, a los cuatro lados. El aspecto de las ruedas y su obra era semejante al color del crisólito (topacio, turquesa, berilo). Y las cuatro tenían una misma semejanza; su apariencia y su obra eran como rueda en medio de rueda. Cuando andaban, se movían hacia sus cuatro costados; no se volvían cuando andaban. Y sus aros eran altos y espantosos, y llenos de ojos...»

Las ruedas representaban los medios de movimientos sobre la tierra, así como las alas representaban los medios de desplazarse en el aire. Había una rueda para cada rostro. Pues bien, como un par de alas indicaba capacidad y prontitud para volar en la dirección a que miraba ese rostro, así la misma idea se expresa en el movimiento terrestre por «una rueda dentro de otra rueda». Para comprender este pensamiento consígase una llanta de un carro metida en otra en ángulo recto. Semejante rueda doble no solamente se quedaría parada por sí sola, sino que, sin volverse, podría moverse en cuatro direcciones. Con el ejercicio de un poco de ingenio se puede hacer una rueda doble de cartón que exprese la idea. Esto es, una rueda dentro de otra rueda. Puede rodar en cualquiera de las cuatro direcciones sin volverse. El mismo pensamiento puede verse en las ruedas de las patas de esos muebles que facilitan el acto de empujar o de tirar de ellos en cualquier dirección, sin darle vuelta...

Ezequiel presenta este pensamiento repetidas veces, ya sea que los querubines vuelen con alas o se deslicen sobre ruedas, nunca dan vueltas o giran. Siempre se mueven en dirección hacia adelante, sea un sólo querubín o cuatro querubines. Si los cuatro están juntos, dos rostros, cuatro alas y dos ruedas están al frente de cada punto cardinal de la brújula, estando siempre preparados para volar, o para deslizarse hacia el Norte, el Oriente, el Sur o el Occidente sin girar o dar la vuelta. En cualquier elemento de tierra, mar o aire siempre están preparados para ver o moverse en las cuatro direcciones. El carro de Dios nunca dio vuelta o se tornó a otra dirección: se desplazaba siempre en dirección recta hacia delante.

«... Y cuando los seres vivientes andaban, las ruedas andaban junto a ellos; y cuando los seres vivientes se levantaban de la tierra, las ruedas se levantaban. Hacia donde el espíritu les movía que anduviesen, andaban. Hacia donde les movía el espíritu que anduviesen, las ruedas también se levantaban tras ellos; porque el espíritu de los seres vivientes estaba en las ruedas. Y sobre las cabezas de los seres vivientes aparecía una expansión a manera de cristal maravilloso, extendido encima sobre sus cabezas. Y debajo de la expansión las alas de ellos estaban derechas, extendiéndose la una hacia la otra; y cada uno tenía dos alas que cubrían su cuerpo. Y oí el sonido de sus alas cuando andaban, como sonido de muchas aguas, como la voz del Omnipotente, como ruido de muchedumbre, como el ruido de un ejército. Cuando se paraban, bajaban sus alas. Y cuando se paraban y bajaban sus alas se oía una voz de arriba de la expansión que había sobre sus cabezas. Y sobre la expansión que había sobre sus cabezas se veía la figura de un trono que parecía de piedra de zafiro; y sobre la figura del trono había una semejanza que parecía de hombre sentado sobre él. Y vi apariencia como de bronce refulgente, como apariencia de fuego dentro de ella en derredor, desde el aspecto de sus lomos para arriba; y desde sus lomos para abajo, vi que parecía como fuego, y que tenía resplandor alrededor. Como parece el arco iris que está en las nubes el día que llueve, así era el parecer del resplandor alrededor. Esta fue la visión de la semejanza de la gloria de Jehová. Y cuando yo la vi, me postré sobre mi rostro, y oí la voz de uno que hablaba.»

... Más adelante, Ezequiel dice: «Y me levantó el espíritu, y oí detras de mí una voz de gran estruendo que decía: "Bendita sea la gloria de Jehová desde su lugar." Oí también el sonido de las alas de los seres vivientes que se juntaban la una con la otra, y el sonido de las ruedas delante de ellos, y sonido de gran estruendo. Me levantó, pues, el espíritu, y me tomó; y fui en amargura, en la indignación de mi espíritu, pero la mano de Jehová era fuerte sobre mí. Y vine a los cautivos en Tel-abid, que moraban junto al río Quebar, y me senté donde ellos estaban sentados, y allí permanecí siete días atónito entre ellos.»

Según Arthur W. Orton, la «expansión de cristal extendida sobre las cabezas de las cuatro criaturas vivientes» significa que estos visitantes del espacio llevaban un casco o escafandra de materia transparente. Asimismo, al igual que nuestros modernos astronautas, sus «cuatro rostros», el de un hombre, un león, un buey y un águila, sólo eran las interpretaciones hechas por el profeta de las formas desconocidas para él de sus aparatos respiratorios y de sus instrumentos emisores y receptores. En cuanto a lo que planeaba por encima de los cuatro viajeros cósmicos, que Ezequiel describe como «cierta cosa parecida a un trono, sobre el cual se sentaba la apariencia de un hombre», para Arthur W. Orton no era más que un ingenio de aterrizaje, enviado por el navío espacial colocado en órbita.

Siguiendo ahora a Jimmy Guieu, quien sustenta también la misma atrevida hipótesis, el profeta Ezequiel no tuvo una visión. Vio realmente descender a tierra a cuatro astronaves lenticulares, cuyos ocupantes saltaron a su encuentro, prodigándole sabias palabras antes de enviarlo hacia las tribus de rebeldes de Israel. Los cuatro «seres vivientes brillaban como bronce en ignición». Hay que presumir, pues, según Guieu, que probablemente se trataba de seres morfológicamente idénticos a nosotros; pero revestidos de videoscafo o escafandra espacial de reflejos metálicos. Las «cuatro ruedas volantes» que menciona el texto bíblico «estaban llenas de ojos todo alrededor». Evidentemente, mirillas o portillos situados en su periferia. Estas mirillas podían haber sido tomadas por «ojos» por el profeta. Su vocabulario no poseía semejantes palabras técnicas. Y muy significativa es también para Guieu la coloración atribuida por

Ezequiel al aparato, así como el movimiento de rotación de que estaba animado. La misma iridiscencia ha sido observada repetidas veces en apariciones de platillos volantes contemporáneos. Además, la descripción que hace el profeta de la llegada de la posible astronave se corresponde perfectamente, salvando las diferencias inevitables del lenguaje, con otras observaciones actuales de discos que se desplazan a pequeña velocidad, o que se disponen a aterrizar o a elevarse.

Hasta aquí el relato nos puede parecer asombroso; sin embargo, sigamos con la versión que nos da el notable investigador Eugenio Danyans y nos asombraremos todavía más...

La espectacular destrucción de Jerusalén

«No termina aquí la famosa "visión". Ezequiel todavía va más lejos. De la hipotética nave, según el testimonio del profeta, salieron, obedeciendo a una voz atronadora surgida del aparato, seis hombres. Los seis iban armados. Siguiendo instrucciones divinas, entraron en Jerusalén, dispararon sus armas sobre la ciudad y la destruyeron. Al mismo tiempo, el jefe de los seis hombres se acercó a la nave, tomó entre sus manos un fuego misterioso y lo lanzó contra la ciudad. Veamos el texto:

«Clamó en mis oídos con gran voz, diciendo: Los verdugos de la ciudad han llegado, y cada uno trae en su mano su instrumento para destruir. Y he aquí que seis varones venían del camino de la puerta de arriba que mira hacia el Norte, y cada uno traía en su mano su instrumento para destruir. Y entre ellos había un varón vestido de lino, el cual traía a su cintura un tintero de escribano; y entrados, se pararon junto al altar de bronce. Y la gloria (la "shekinah") del dios de Israel se elevó de encima del querubín, sobre el cual había estado, al umbral de la casa; y llamó Jehová al varón vestido de lino, que tenía en su cintura el tintero de escribano, y le dijo Jehová: Pasa por en medio de la ciudad, por en medio de Jerusalén y ponles una señal en la frente a los hombres que gimen y claman a causa de todas las abominaciones que se hacen en medio de ella. Y a los otros dijo, oyéndolo yo: Pasad por la ciudad en pos de él y matad: no perdone vuestro ojo, ni tengáis misericordia. Matad a viejos, jóvenes y vírgenes, niños y mujeres, hasta que no quede ninguno; pero a todo aquel sobre el cual hubiere señal, no os acerquéis; comenzaréis por mi santuario. Comenzaron, pues, desde los varones ancianos que estaban delante del templo. Y les dijo: Contaminad la casa, y llenad los atrios de muertos; salid. Y salieron, y mataron en la ciudad. Miré, y he aquí en la expansión que había sobre la cabeza de los querubines como una piedra de zafiro, que parecía como semejanza de un trono que se mostró sobre ellos. Y habló al varón vestido de lino, y le dijo: Entra en medio de las ruedas debajo de los querubines, y llena tus manos de carbones encendidos de entre los querubines, y espárcelos sobre la ciudad. Y entró a vista mía. Y los querubines estaban a la mano derecha de la casa cuando este varón entró; y la nube (la "shekinah") llenaba el atrio de dentro. Entonces la gloria de Jehová se elevó de encima del querubín al umbral de la puerta; y la casa fue llena de la nube, y el atrio se llenó del resplandor de la gloria de Jehová. Y el estruendo de las alas de los querubines se oía hasta en el atrio de fuera, como la voz del Dios, Omnipotente cuando habla. Acontenció, pues, que al mandar al varón vestido de lino, diciendo: Toma fuego de entre las ruedas, de entre los querubines. El entró y se paró entre las ruedas. Y un querubín extendió su mano de en medio de los querubines al fuego que estaba entre ellos, y tomó de él y lo puso en las manos del que estaba vestido de lino, el cual lo tomó y salió.»

No podemos evitar el asombro ante el relato que hace Ezequiel de la destrucción de Jerusalén. ¿Angeles o «tripulantes» extraterrestres? Sigamos el relato de Eugenio Danyans, y tal vez tengamos más elementos de juicio para definirnos. Dice Danyans: «Para concluir con el libro de Ezequiel, consideremos algunos pasajes que nos refieren los extraños viajes aéreos del profeta:

«En el sexto año, en el mes sexto, a los cinco días del mes, aconteció que estaba yo sentado en mi casa, y los ancianos de Judá estaban sentados delante de mí, y allí se posó sobre mí la mano de Jehová, el Señor. Y miré, y he aquí una figura que parecía de hombre; desde sus lomos para arriba parecía resplandor, el aspecto de bronce refulgente. Y aquella figura extendió la mano y me tocó por las guedejas de mi cabeza; y el espíritu me alzó entre el cielo y la tierra, y me llevó en visiones de Dios a Jerusalén, a la entrada de la puerta de dentro que mira hacia el Norte, donde estaba la habitación de la imagen del celo, la que provoca a celos. Y he aquí, allí estaba la gloria (la "shekinah") del Dios de Israel, como la visión que yo había visto en el campo.

»Me llevó luego a la puerta, a la puerta que mira hacia el Oriente; y he aquí la gloria del Dios de Israel, que venía del Oriente; y su sonido era como el sonido de muchas aguas, y la tierra resplandecía a causa de su gloria. Y el aspecto de lo que vi era como una visión, como aquella visión que vi cuando vine para destruir la ciudad; y las visiones eran como la visión que vi junto al río Quebar; y me postré sobre mi rostro. Y la gloria de Jehová entró en la casa por la vía de la puerta que daba al Oriente. Y me alzó el espíritu y me llevó al atrio interior; y he aquí que la gloria de Jehová llenó la casa...»

No sólo la Biblia nos acerca a hipótesis sobre ángeles tripulantes de ovnis, sino también numerosos pasajes de libros apócrifos. Veamos cómo lo relata Gianni Lucarini en su libro *Los extraterrestres existen*: «Desde el año 538 a. de J. C., cuando el emperador persa Ciro devolvió a los hebreos su tierra, hasta la destrucción de la nación hebraica por obra del emperador romano Tito, floreció una literatura apócrifa que, pese a no deberse a los autores de las Escrituras, está próxima a ésta y expresa las esperanzas temporales, las aspiraciones morales y religiosas del pueblo elegido de cara a la restauración de su antigua gloria. Dichos apócrifos (o libros secretos, no falsos), que no forman parte, lógicamente, del canon de la Biblia católica, se han conservado parcialmente gracias a la liturgia de algunas iglesias alejadas del centro del cristianismo (por ejemplo, la iglesia etíope) y por los famosos manuscritos del mar Muerto...» Y sigue narrando G. Lucarini: «En el Génesis se lee que Enoch desapareció "porque el Señor se lo llevó consigo". Y en éste su viaje de ascenso hacia el cielo, Enoch entra en conocimiento de infinitas cosas e infinitos secretos. Ahora bien, cuando los hijos de los hombres se fueron multiplicando, nacieron de ellos en aquellos días hijas bellas y agraciadas; y los ángeles, hijos del cielo, las vieron y las desearon y dijeron entre sí: "Vayamos, elijamos algunas y generemos hijos de ellas..." (Recuerde el lector que ya hacemos mención a este hecho en otro pasaje anterior.) De esta misteriosa unión nacieron los famosos gigantes: «... Y ellos empezaron a pecar contra los pájaros y los animales, los reptiles y los peces, y, luego, comieron la carne de aquéllos y bebieron toda su sangre. Entonces la tierra acusó a los violentos. A estos graves sucesos había que poner remedio, y he aquí que intervienen los "ángeles buenos": Ellos se dijeron unos a otros: es la voz de su grito lo que la tierra eleva desolada hasta la puerta del cielo. Ahora, ante vosotros, santos del cielo, se lamentan las almas de los hombres y dicen: Llevad nuestra causa ante el Altísimo...»

En el libro de los secretos de Enoch, otro libro apócrifo, Enoch, hablando de su vida, cuenta: «... Se me aparecieron entonces dos hombres enormes, como nunca había visto sobre la Tierra. Sus rostros resplandecían como el Sol, sus ojos eran como dos teas encendidas, de sus bocas salían llamas y sus trajes eran de plumas de variado aspecto...» Y en el segundo libro de Baruch se lee: «... Y he aquí que de pronto el espíritu por fuerza me levantó y me llevó hacia lo alto, sobre los muros de Jerusalén. Y vi cuatro ángeles que estaban en los cuatro lados de la ciudad, cada uno llevando en la mano una espada de fuego... El es transportado al primer cielo; allí lleva a cabo un viaje de treinta días sobre unas alas; ve hombres de rostro de buey, de pies de cabrón, de cuernos de ciervo y con flancos de cordero; son aquellos que construyeron la torre de la discordia contra Dios.»

Y en el libro de los secretos de Enoch, en el último capítulo se puede leer: «El escribió 366 libros que contienen todas las historias de las criaturas que el Señor ha hecho. Y murió al sexto día del mes de Pamovus, el día y la hora en que había nacido. Es lo mismo para cada hombre concebido, nacido y muerto en la misma hora...»

Muchas son las interpretaciones ante este difícil tema. Para el padre jesuita Salvador Freixedo, autor del libro *Los extraterrestres y las creencias religiosas*, el asunto parece más reflexivo aún. Opina que resulta verdaderamente extraño que Dios adopte figuras de cumbres y columnas cuando se aparece y desea comunicarse con los humanos. Es una especie de disfraz que prolifera tanto en el Antiguo como en el Nuevo Testamento. Recordemos que fue una nube lo que acompañó al pueblo hebreo en su huida de Egipto.

3

Aspecto físico de los tripulantes de los ovnis

En primer lugar, diríamos que no es una tarea fácil la de tratar de dar una auténtica morfología de los «tripulantes» o seres presuntamente extraterrestres que han sido vistos a través del tiempo. Cada persona ve un tipo diferente, y sólo en muy contados casos podrían tener una correlación. ¿Son varias razas? ¿Inciden sobre los testigos mentalmente a fin de no reflejar su auténtica forma? ¿Ve cada tesigo de un encuentro cercano el tipo de tripulante que desea? Todas estas preguntas podrían tener una base y ser ciertas además.

Por fundadas que sean las dudas que tengamos con respecto a la realidad de los «humanoides» o «tripulantes» de naves extraterrestres, y por cualquiera que pudiese ser la explicación dada a las visiones de los testigos, un hecho queda claro: en casi todos los países del mundo, centenares de personas, de profesiones y culturas diversas, han afirmado haber visto a los ocupantes de ovnis, de quienes siempre han dado una descripción más o menos precisa.

Son, dicen, a menudo, seres de 1,10 metros, provistos de una cabeza muy gruesa, con ojos grandes y redondos y barbilla puntiaguda. Y otras veces, tipos altos y esbeltos, proporcionados, totalmente distintos.

En efecto, es imposible establecer un retrato-robot. Hay varias categorías de testimonios describiendo «seres» diferentes. Según los ufólogos, esta diversidad habla a favor de la sinceridad de las observaciones.

Existe un solo rasgo común: presentan forma humana en el 96 por ciento de los casos. Poseen una cabeza, brazos y piernas. Eso explica la expresión «humanoide». Después, con algunas excepciones, se trata de pequeños hombres «verdes». Esta es una creación de los ufólogos más bien místicos, aunque, como podremos leer más adelante, también abundan testimonios de estas características.

Es difícil imaginarse con qué minuciosa atención algunos ufólogos investigadores independientes coleccionan y analizan los testimonios. La mejor ilustración de ello es la estructura y el contenido del asombroso estudio —asombroso en su propio principio— efectuado por el noble investigador Jader U. Pereira, secretario general del Grupo de Estudios de los Ovnis, de Porto Alegre (Brasil), cuyo resumen extractado de su libro sobre morfología de «humanoides» vamos a hacer a continuación. Jader se refiere a aquellos visitantes que los testigos dicen haber observado después de aterrizajes de ovnis. Sobre 333 casos recogidos en este estudio, 230 han sido retenidos, porque fueron relatados por gente estimada digna de confianza por los investigadores; 103 casos fueron rechazados por razones diferentes (datos insuficientes, fuentes discutibles, suspicacias, etcétera). A continuación, damos un resumen de los principales aspectos del estudio anteriormente mencionado...

Descripción física de los tripulantes

Tomando en cuenta múltiples criterios de clasificación (67 casos de «humanoides» con escafandras, y 47 casos desprovistos de ella, talla, características corporales y faciales, color de la piel, largo del cabello, uso o no de armas, etc.), Pereira ha dividido a estos visitantes de nuestro planeta en doce tipos, subdivididos a su vez en algunas variantes. No vamos a entrar en detalles de la clasificación, porque podría resultar excesivo para el profano. Daremos aquí algunas de las estadísticas establecidas por el investigador.

En una forma general, las indicaciones suministradas por los testigos son muy pobres. Esta pobreza se explica por la distancia, por la corta duración del encuentro, por el equipo de protección de los «humanoides», por el asombro desmesurado o también por su incapacidad para describir lo visto. Para muchos ufólogos, eso acredita la buena fe de los testigos. ¿Los mixtificadores no darían prueba de una imaginación más viva?

* * *

Los testigos han dado apreciaciones sobre la talla de los ocupantes estudiados en 197 casos:

123 (62 %) medían entre los 70 centímetros y 1,60 metros.

42 (22 %) presentaban una talla normal (1,65 metros a 1,88).

En los dos extremos encontramos a un liliputiense de 15 centímetros y tres monstruos de 4 a 5 metros.

Con respecto a la descripción de la cabeza y de la cara, no se dan siempre detalles porque los «humanoides» llevan generalmente un casco de escafandra. La piel es mencionada en 77 casos y los testigos la han visto blanca o «normal» en 28 casos; sombría, negra, gris y amarilla en 28 casos. Pero 5 la han visto roja, purpúrea o azulada, y en 7 casos la piel de los «invasores» ha parecido verde, lo que tranquiliza a los partidarios de los «pequeños hombres verdes». Finalmente, hubo 7 casos de «seres» totalmente peludos.

Cuando se hace referencia a la cabellera (71 casos), ésta es rubia y larga en la mayoría de los casos. Dicho en otras palabras, los «tripulantes» serían del tipo germánico o vikingo. Insidiosa influencia de la historia. Sólo se mencionan calvos en 10 casos.

La cara presenta aspecto normal en 22 casos; la famosa barbilla puntiaguda sólo aparece en 7 casos. Encontramos las expresiones siguientes:

«Rasgos bellos» en 5 casos.

«Inexpresivos» en 2 casos.

«Rasgos amarillos», «rasgos caucasianos», «caras de elefantes», «caras de gatos» y «caras de sapos», en alguna ocasión, pero siempre raramente.

Los ojos se señalan como «normales» en 12 casos.

Grandes y redondos en 20 casos.

De un color rojo brillante en 3 casos.

Fosforescentes en 5 casos. A veces también son oblicuos, como los asiáticos. Para quienes se sientan decepcionados por esta normalidad, mencionaremos que en 7 casos los ocupantes presentaban un solo ojo en la frente.

Son escasas las referencias a nariz y oídos. Sólo faltan en dos casos. La boca es mencionada casi siempre,

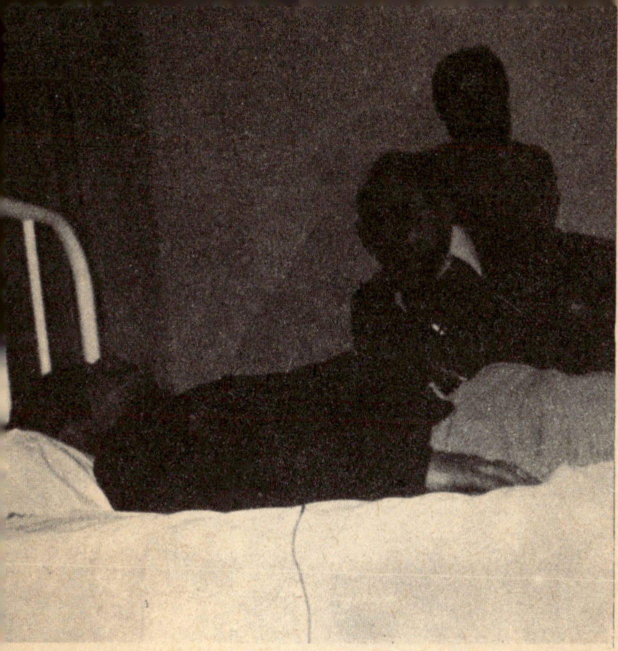

Con mucha frecuencia se viene utilizando la hipnosis para que los «contactados», que permanecieron algún tiempo en el interior de un ovni, puedan referir los detalles de su aventura.

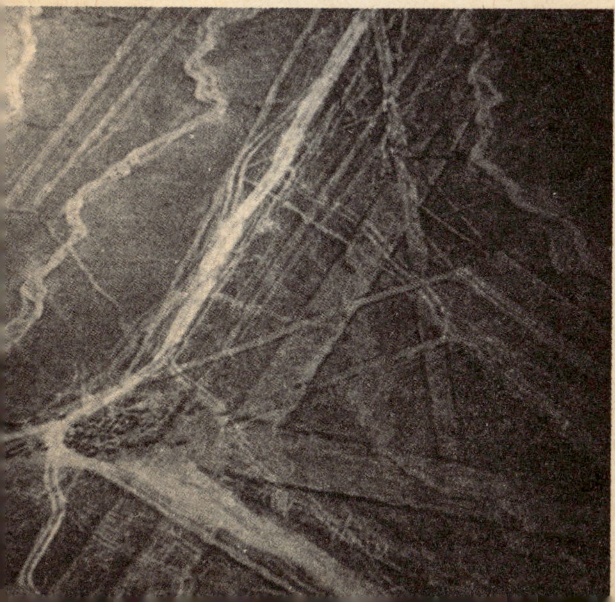

Hemos sido visitados por los extraterrestres desde tiempos remotos. Tal vez las misteriosas pistas de Nazca sean los vestigios de un imponente aeropuerto espacial.

Numerosas estatuas pertenecientes a diferentes culturas testimonian el culto que se debió rendir a los visitantes del espacio.

Inmensa bola incandescente saliendo del mar. Se especula con la existencia de bases submarinas de ovnis en las profundidades oceánicas.

Junto al ovni que aparece en esta fotografía, puede verse, a la derecha, la figura de un presunto extraterrestre. ¿Es una foto auténtica o se trata de un trucaje?

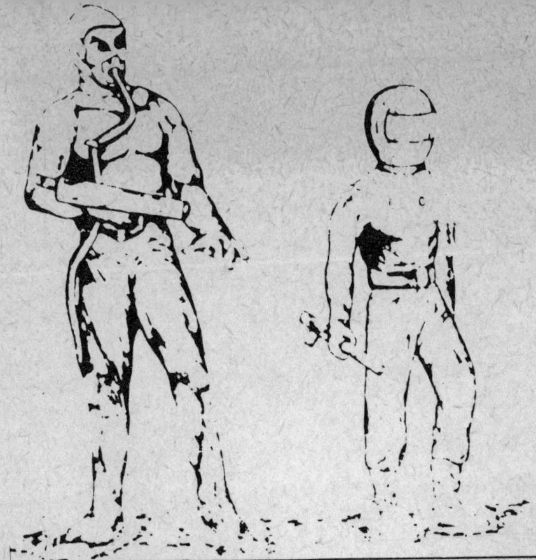

Desde que Adamsky se entrevistó con uno de ellos en los Estados Unidos, existe entre los ufólogos la creencia de que los venusinos ostentan largas melenas rubias y poseen un cuerpo muy proporcionado.

Diferentes tipos de tripulantes de naves extraterrestres. El rasgo común que los caracteriza, y, a la vez, el detalle más impresionante, es su indiscutible parecido a los seres humanos.

Tripulantes de piel blanca y elevada estatura han descendido de sus naves ovaladas en muchas épocas de la historia. Muchas leyendas, sobre todo americanas, recogen estos acontecimientos.

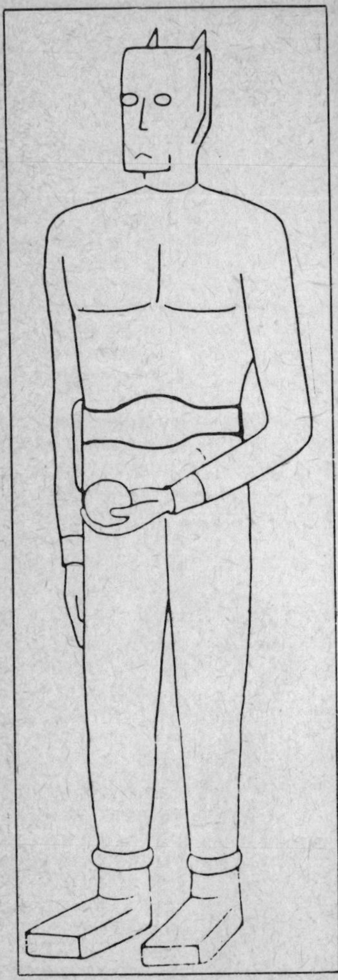

Uno de los tipos más frecuentes, protagonista en múltiples relatos de contactados. Humanoide de gran corpulencia, provisto de un traje espacial característico.

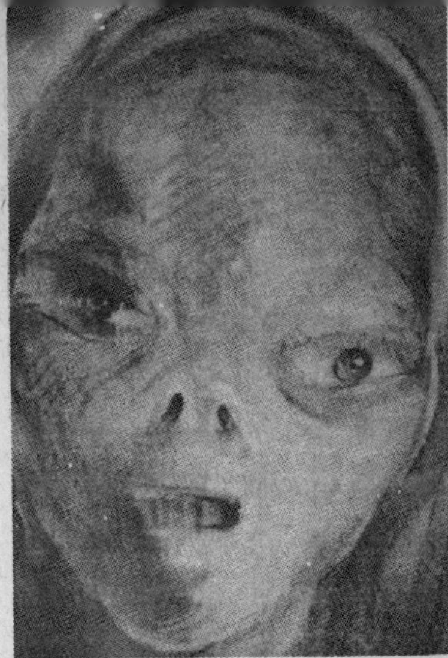

El matrimonio Hill reconstruyó así la fisonomía de un extraterrestre con el que se encontraron, después de contemplar el aterrizaje de un ovni.

En algunas ocasiones, junto a naves espaciales perfectamente esféricas, han sido vistos tripulantes, cuya altura no sobrepasa los 1,20 metros.

Las enormes cabezas de piedra volcánica de una sola pieza, de las que se encuentran cientos en la isla de Pascua, sugieren la visita de seres del espacio en tiempos remotos.

Tipo de extraterrestre que pudo contemplar Adamsky, y otros muchos investigadores consideran como el más parecido a los habitantes de la Tierra, prácticamente idéntico. Al parecer, procede del planeta Venus.

pero los labios parecen a veces de una finura tan grande que son casi imperceptibles.

El cuerpo presenta, en general, muy pocas anomalías físicas. Se describen con frecuencia piernas transparentes, un tórax asimétrico, manos con garras y pelo, pies planos, orejas como las de un murciélago. Pero son solamente excepciones. En general, esta gente es como usted y como yo. O así los han visto, por lo menos.

Hasta aquí la clasificación del investigador Jader U. de Pereira, y que consideramos como la más completa e interesante al respecto, a pesar de que, como se ve, de completa tiene muy poco. No hay otra cosa.

Hay otras clasificaciones de otros investigadores y estudiosos del tema; citemos al respecto las del doctor James McCampbell, Kolosimo, Michel Carrouges y otros más; sin embargo, pensamos que la mejor realizada hasta el momento es la del investigador brasileño, a quien hemos seguido.

Para algunos investigadores, caso que citan Jacques Bergier y Georges H. Gallet, en *El libro del misterio*, la tipología morfológica de los «tripulantes» no sería muy conflictiva, ya que se trataría de simples «yetis» u hombres de las nieves. Leamos a este respecto lo que citan de un artículo aparecido en la revista italiana *Panorama*, el 8 de abril de 1971:

...«Las apariciones de platillos volantes son especialmente frecuentes en las regiones del noroeste de los Estados Unidos, allí donde se han observado yetis con mayor frecuencia... Dice Angelo Moretti en el citado libro: "Por mi parte, yo he observado desde hace tiempo que las características físicas y de comportamiento y de lenguaje descritas por los que habían visto yetis de cerca o de lejos correspondían perfectamente a las descripciones de los que se habían encontrado con humanoides en las proximidades o en el interior de platillos volantes. La deducción lógica es que se trata de individuos de la misma especie." Lo cual parece mucho deducir.

»Las características físicas de los yetis y de los humanoides de los platillos volantes son las mismas: la estatura varía desde 0,90 a más de 3 metros. Un olor generalmente nauseabundo (que le ha valido al yeti el epíteto de nauseabundo) parece ser, por un lado, un olor racial particular, y por otra parte, parece provenir de un fluido particular que emiten muchas veces los platillos volantes con el fin de aniquilar la conciencia de los testigos...

»... Muchos yetis tienen el cuerpo velludo y el rostro más bien lampiño. A este respecto, el profesor Run Schen, de Ulan Bator, Mongolia, que realizó un estudio profundo sobre los yetis, distingue a éstos, peludos, de los almasis, que lo son poco y se acercan más al tipo humano. El pelo, cuando es abundante, generalmente es de color rojizo o castaño oscuro, pero también hay individuos rubios con una larga cabellera como los hippies. En uno u otro tipo, el cráneo es alargado hacia la parte superior y tiene un volumen mayor al de un cráneo humano...»

Terminamos esta pequeña muestra clasificatoria de la morfología de los tripulantes de naves con el resumen que hace el Dr. Frank B. Salisbury, especialista en exobiología, de la Universidad de Colorado, en el prólogo del libro de Mrs. Lorenzen sobre los ocupantes de ovnis:

«... Se trata generalmente de individuos de pequeña

estatura, pero a veces de gigantes parecidos a hombres-simio, aunque de rostro humano. La cabeza tiene frecuentemente forma de melón; pero, en definitiva, los que llevan un vestido pueden pasar por terrícolas. Algunos son de gestos lentos, otros son muy ágiles. Los ojos son a veces hendidos como en los orientales. La piel es oscura o increíblemente pálida, como si fuera de cera blanca. Es interesante observar que las representaciones primitivas de América Central evocan a menudo este tipo de hombre-animal... Ezequiel también habla de los querubines que descendieron de máquinas voladoras como hombres-animales. Todo esto es extraño, pero corresponde perfectamente a las descripciones y sobre todo a la idea de unos seres primitivos desde cierto punto de vista (procedentes de planetas pobres en oxígeno y, por consiguiente, con una evolución distinta) que además son astronautas con escafandra que circulan a bordo de platillos volantes. En una palabra, unos "astronautas paleolíticos", como dice Aimé Michel...»

Cerramos este capítulo con una curiosa anotación que figura en el libro, a que hemos hecho referencia, de Bergier y H. Gallet:

«... En Baian-Kara-Ula, Tibet oriental, se han encontrado tumbas que contenían los esqueletos de unos hombrecitos al lado de unos discos de piedra con un fuerte contenido de cobalto. El arqueólogo chino Tsoum-Oum-Nui llegó a descifrar las inscripciones que llevaban, que decían: "Los dropas bajaron de las nubes en sus trineos aéreos. Y diez veces hasta que salía el sol, hombres, mujeres y niños se escondieron en las cavernas. Pero, finalmente, comprendieron los signos y vieron que los dropas habían venido con intenciones pacíficas..." Se expresa también en estas inscripciones el pesar por haber perdido su nave espacial debido a un aterrizaje forzoso.

He aquí también, pues, unos extraterrestres condenados a quedarse en la Tierra; y esto en el Tibet, la patria de los yetis...

4

Comportamiento de las naves extraterrestres

Sin duda, uno de los hechos más peculiares dentro de las características del fenómeno ovni son las pautas de comportamiento que nos marca. Bien a través del comportamiento del propio objeto (físico o de características no precisamente muy sólidas) o la propia actitud que los tripulantes de estas naves tienen para con los humanos.

¿Cuál es su actitud? ¿Se acercan amistosamente? ¿Nos hablan al vernos? ¿Desean establecer contacto? ¿Rehúyen, por el contrario, éste? ¿Aparecen siempre en los mismos lugares? En fin, muchas y variadas son las respuestas sobre las pautas de comportamiento de estos seres. Trataremos en la medida de lo posible de responder a algunas de ellas, y reproduciremos también las clasificaciones que del propio fenómeno ovni han establecido los dos investigadores más notables de nuestro tiempo, el doctor Jacques Vallée y el no menos notable doctor Allen Hynek, ya que consideramos un tanto vacío el estudio si faltan estas clasificaciones, que de alguna forma vienen a establecer las propias pautas del comportamiento del mismo fenómeno.

Del excelente libro de Vicente-Juan Ballester Olmos titulado *Ovnis, el fenómeno aterrizaje* extraemos algunos párrafos importantes, donde se proporcionan diferentes datos acerca de las pautas de comportamiento del fenómeno:

«Al menos en cuanto se refiere a los aterrizajes de ovnis —escribe Ballester Olmos—, hay una notable preponderancia de avistamientos en las zonas menos pobladas; lo cual puede interpretarse de dos maneras aparentemente contradictorias: o bien el fenómeno "pretende alejarse" de la curiosidad humana en la mayor parte de las apariciones en el entorno terrestre, o bien se centra intencionadamente en el hombre, llegando incluso a determinar de antemano a los testigos, descendiendo en aquellos lugares en donde hay más probabilidad de actuar libres de interferencias exteriores. Hay hechos que avalan ambas ideas, y una doble hipótesis parece más segura. La frecuente aparición de ovnis (tipo I) en lugares remotos, semidesérticos, casi incomunicados y deshabitados, junto con la aparente "sorpresa" de los supuestos "entes" que rodean al objeto posado en tierra y su inmediata fuga, aboga por la tesis "clásica", según la cual los objetos volantes no identificados serían aparatos de simple reconocimiento —se conocen numerosos ejemplos de recogida de muestras minerales, vegetales y hasta de animales, y hay casos de excavaciones semejantes a las que dejaría la utilización de una sonda de prospección geológica—. Aquí, el contacto se evita a todas luces.

... Pero tenemos informes bien documentados de experiencias que dan la impresión de ser el resultado inequívoco de un fabuloso montaje o, por decirlo con el acertado término del doctor Frank Salisbury, un "display" dirigido expresamente al perceptor humano. En estos incidentes —que cada vez son más frecuentes, de mayor entidad y mejor investigados— creemos que el testigo no lo es por casualidad, sino que ha sido buscado para establecer un contacto con él, cuyo propósito no vemos aún claro; o para proceder a un estudio físico directo del espécimen terrestre.»

Siguiendo una exposición de las pautas de comportamiento, otra que aparece frecuentemente en el fenómeno es la súbita aparición y desaparición del ser y también se han dado numerosos testimonios de agresión directa y física de estos tripulantes sobre seres humanos. Pauta importante, igualmente, es la constante mutilación o desaparición de animales, los cuales, en muchos casos, aparecen posteriormente «chupados» o «vaciados» de sangre. Curiosamente, se han dado pautas de comportamiento por parte de estos «tripulantes» consistentes en pedir algún objeto o alimento a seres humanos, como el caso relatado por el periodista español J. J. Benítez, en que unos seres presuntamente extraterrestres, se acercaron a un señor y le pidieron agua. La necesitaban —según comunicaron— para curar a un compañero herido. No aportamos las pautas de los propios ovnis, por salirse un poco de la temática; sin embargo, insistimos en dar la clasificación del fenómeno por considerarla pieza clave de él.

Clasificación de Jacques Vallée

Observaciones del TIPO I:

Visión de la imagen insólita de una «máquina» de forma diversa, en la superficie o proximidades del suelo. Puede hallarse o no asociada a efectos físicos diversos. Es precedida y seguida, generalmente, por observaciones clásicas, sucedidas de forma coherente. Ya en 1947 —durante la época moderna— hay dos casos de ovnis cupulares que producen efectos físicos en la superficie del suelo.

Su forma deriva del círculo.

Tienen un peso muy diferente al de las observaciones aéreas.

Poseen una simetría en las revoluciones alrededor del eje vertical.

Dimensiones modestas: unos 5 metros (de 2 a 10 metros, en general).

Contornos nítidos y definidos.

No es esencialmente luminoso.

Superficie material.

Comportamiento continuo. Su aparición y desaparición no se producen bruscamente.

No se desvanecen. Poseen un volumen, ocupan un espacio.

Aparecen generalmente entre las 19 y las 6 horas (son nocturnos: parecen rehuir su avistamiento fácil).

Subtipos:

IA: Visión de un aparato que se encuentra en la superficie del suelo o cerca (máximo, a la altura de un árbol).

IB: Visión de un objeto en similares condiciones, sobre la superficie del océano o de una extensión de agua importante.

IC: Los ocupantes parecen manifestar interés hacia el testigo (gestos, señales luminosas, etc.).

ID: La meta del ovni parece ser un vehículo terrestre.

TIPO II:

Una formación cilíndrica vertical en la atmósfera, generalmente asociada a una nube difusa. Llamado «gran cigarro vertical» o de nubes, esfera de nubes, nave madre o nodriza, cilindro o tubo. Ya descritos en épocas pasadas. Han sido captados por radar; ciertos testigos los describen como objetos rodeados por una nubosidad. Otros, como nubes, de forma extraña, centro de una rara agitación. De forma cilíndrica, esférica u ovoide, y descritos a menudo como fluorescentes; naturaleza permanente.

Se les puede ver en un ambiente atmosférico cargado de humedad, que tal vez esté creado por él mismo, mediante un movimiento de ascensión del aire. Se constata un aumento de la densidad de la masa luminosa y de la intensidad de ésta en relación con los efectos de concentración. Su altura y luminosidad hacen que se divisen desde una superficie enorme por parte de numerosos testigos. Pero aparecen en regiones alejadas de los centros urbanos y, en general, por la noche. Por eilo, a veces se prolonga su visión por varias horas sin intervención de los aviones interceptores.

Subtipos:

IIA: Formaciones verticales cilíndricas que se desplazan lentamente por la atmósfera de manera errabunda. Generalmente aparecen durante más de diez minutos.

IIB: Formación estacionaria, que produce fenómenos secundarios. Da lugar a otros pequeños ovnis circulares o discoidales que suelen salir por su parte inferior, de pequeño diámetro, entre 1 y 15 metros. Tras una caída libre, aquéllos se detienen bruscamente y tras algunos segundos parten en línea recta a gran velocidad en una dirección precisa. En general, son dos los objetos que tomarán diferentes direcciones. A veces se describe su retorno al objeto principal que permanece estacionario. Se detienen bruscamente en la proximidad inmediata de la nube; luego parece que fuesen «agarrados». Es el tipo de ovni más claramente definido de todos y el más indicado para proporcionar referencias claras acerca de su naturaleza. Aunque son bastante raros, son los de mayor interés, y su permanencia a la vista es extraordinariamente dilatada. Su movimiento es lento, a veces errático, a una altura moderada de 1 ó 2 kilómetros. A menudo se asocia con una nebulosidad difusa que envuelve al objeto principal, como si las condiciones termodinámicas se modificaran en su vecindad.

IIC: Cigarros o esferas desplazándose en medio de enormes formaciones de ovnis, que les siguen en sus rutas, sin penetrar o desprenderse de ellos.

TIPO III:

Objeto anormalmente esférico, discoidal o elíptico, que aparece inmóvil en la atmósfera. Su número aumenta entre las 20 y 21 horas. Desciende cuando avanza la noche, tal vez con el número de posibles testigos despiertos.

Subtipos:

IIIA: La inmovilidad se produce entre dos períodos de traslación y está asociada a un movimiento de descenso discontinuo hasta las cercanías del suelo (caída de hoja muerta) o un movimiento pendular en una altura considerable o a una serie de desplazamientos en forma de zig-zag: se inmoviliza-desciende-inmóvil-asciende, etc.

IIIB: El movimiento general de desplazamiento se interrumpe, siendo reemplazado por un tipo de inmovilidad.

IIIC: Igual que el anterior, pero presentando también un cambio de comportamiento durante la inmovilidad (súbito cambio de brillo, emisión de haces luminosos, etc.).

IIID: Objeto animado repentinamente por un movimiento, incoherente. O varios objetos entregados a un combate o ballet aéreo.

IIIE: Objeto que cambia de ruta brusca y radicalmente, describiendo un pequeño círculo, o planeando.

TIPO IV:

Objeto insólito, observado cuando realizaba un movimiento de traslación en la atmósfera. Persisten por lo menos durante varios minutos de manera continua y coherente, con movimientos, interpretables como maniobras. Y terminan alejándose a gran velocidad. Aquí se da el mayor índice de confusión con fenómenos físicos de origen natural o humano. Tamaño, entre 2 y 30 metros. Son los más frecuentes.

Subtipos:

IVA: Objeto que muestra un especial interés hacia aviones en vuelo.

IVB: Varios objetos que aparecen evolucionando de acuerdo o en formación, sin detenerse.

IVC: Uno o varios objetos atraviesan el cielo sin detenerse; pero siguiendo una trayectoria entrecortada.

TIPO V:

Reúne fenómenos luminosos insólitos presentados como pertenecientes al fenómeno ovni.

Subtipos:

VA: Objetos que aparecen como fuentes definidas y atraviesan rápidamente el cielo.

VB: Fenómenos luminosos definidos, inmóviles en el cielo, no identificados como un astro conocido, tampoco missiles (pueden ser globos sondas, confundidos).

VC: Objetos luminosos definidos que se desplazan con movimientos lentos y continuos en el cielo nocturno; no identificados como satélites o aviones.

Hay unas consideraciones críticas a la clasificación establecida por el doctor Vallée, y una nueva clasificación debida a los españoles Josep Serra y Joan Crexell, del C. E. I. (Centro de Estudios Interplanetarios) de Barcelona, hecha en 1971, y que consideramos sumamente acertada. Para no cansar al lector con ella, remitimos al interesado el número extraordinario que editó Stendek, en julio de 1971, donde aparece en su totalidad.

Damos finalmente, en forma muy reducida, la clasificación que hace del fenómeno el doctor Hynek, y que resulta dividida en dos partes:

— Observaciones a distancia.
— Observaciones cercanas (a menos de 150 metros del observador).

Las primeras, subdivididas arbitrariamente en: Luces nocturnas (NL), Discos diurnos (DD) y Radares ópticos (RO). El segundo grupo consta de tres apartados: Encuentros cercanos de primer Tipo (EC-1), de segundo Tipo (EC-2) y de tercer Tipo (EC-3). Establece asimismo para el conjunto de las observaciones ovnis dos índices valorativos: Indice de Extrañeza e Indice de Probabilidad.

El Indice de Extrañeza es definido como la medida de su singularidad con el contexto de la gran clasificación que lo engloba. Cuantos más detalles desafíen el sentido común, mayor IE tendrá el caso. En consecuencia, los IE en los casos de EC-2 y EC-3 poseerán un alto IE; y, al contrario, las LN y las DD lo tendrán muy bajo.

El Indice de Probabilidad se refiere al conjunto de factores que nos confirmarán que el suceso se ha desarrollado tal como lo explica el testigo. Entre los datos a tener en cuenta destacan: armonía interna de la declaración, armonía entre varias descripciones del mismo hecho, la convicción que se desprende de la narración del testigo y la estimación subjetiva del encuestador sobre todo el caso en su conjunto. Para ello, sería interesante poseer un detector de mentiras, la posibilidad de aplicar varios tests psicológicos, tener al alcance de la mano la opinión médica sobre el estado de salud del testigo en el momento de la observación, así como su historial clínico, etc. Como todo ello es imposible, deberemos trabajar con el máximo de datos que se puedan desprender del relato del testigo...

5

Tres horas con los tripulantes de un ovni

El caso saltó a la prensa, el día 25 de enero de 1978, en el diario *Pueblo*, que titulaba la noticia «Tres horas en un ovni». A partir de este momento, para amplios sectores de prensa, empezaba la panacea de lo sensacionalista, ignorando todo tipo de censura crítica al suceso protagonizado por Miguel Herrero Sierra. Ignorancia que repercutiría, como pudimos ver a través de los numerosos meses en que estuvimos investigando el extraño «contacto», en ese gran número de débiles mentales, inmaduros y demás personas deseosas de llenar con «algo» ese vacío mundo de realidades en el que viven.

Todo esto es quizá uno de los puntos que nos decidiera a realizar y actuar con los máximos elementos de análisis y sentido crítico en la investigación de este caso. Labor en la que nos entregamos casi más de un año varios psicólogos clínicos, formando un compacto equipo de trabajo, con el único deseo de esclarecer lo más ampliamente el extraño suceso. Esperamos que este tipo de investigación sirva de alguna forma como modelo para los investigadores que pueblan nuestra geografía y que, sin duda, «olvidan» lamentablemente lo necesaria que es en la investigación ovni la labor de los elementos psicológicos. Pues no se puede pasar por alto el hecho de que, de una forma u otra, ya sean tripulantes extraterrestres, dimensiones paralelas, seres de otros estados de conciencia o lo que sean, en todo momento está interviniendo el factor «humano», con las consecuentes repercusiones psicológicas que estos fenómenos producen en los individuos «abducidos» o «contactados». De aquí la necesidad, insistimos, de que en todo momento se cuente en la investigación ovni con psicólogos cualificados en este tipo de estudios.

Para mejor entendimiento de los lectores, el caso está dividido en tres partes: los hechos, un análisis filosófico y psicológico del suceso y, finalmente, el resultado de los estudios de campo y psicológicos de este largo año de investigaciones.

El contacto

Domingo, 18 de diciembre de 1977. Como otros muchos, Miguel Herrero Sierra, vecino de Alcalá de Henares (Madrid), de treinta y cuatro años de edad, conductor de profesión, decidió ir a practicar la pesca, su deporte favorito, que le resulta difícil practicar con frecuencia, ya que, debido a su profesión, permanece gran parte del año fuera de su domicilio habitual.

Aquel domingo, Miguel, a eso de las 5,30 de la mañana, tras llenar el depósito de su vehículo, una furgoneta Sava que normalmente utiliza en su trabajo, se dirigió hacia los pantanos de Buendía. Iba solo. Hasta

Tendilla, ya en la provincia de Guadalajara y aproximadamente a 50 kilómetros de Madrid, todo fue normal, como de costumbre. En Tendilla, paró para tomar café, comprar pan y cigarrillos. De nuevo en ruta en esta segunda etapa, todo seguía transcurriendo normalmente; hasta que al llegar al cruce con la carretera de Peñalver, siendo aún noche cerrada, de repente, se le apagaron todas las luces de la furgoneta.

En un principio, pensó en la posibilidad de un fusible fundido. Luego se extrañó, porque las luces del cuadro, también apagadas, van por distinto circuito que las luces exteriores del vehículo. Pese a todo, bajó y revisó los fusibles, encontrándolos todos en perfecto estado. De modo que, como ignoraba lo que hubiera podido suceder, y como era aún de noche, decidió sacar la furgoneta de la carretera, por miedo a provocar un accidente, ya que no la podía dejar convenientemente señalizada.

Así lo hizo, y cuando ya estaba bien aparcado el vehículo, dejó en marcha el motor un rato y la calefacción encendida, pues el frío era intenso, a la espera de que amaneciera y poder ya de día continuar hasta Sacedón.

Entonces vio en el campo, como a veinte metros y a su derecha, una gran sombra, que al principio le pareció una casa o un camión.

Como conoce bien la zona y sabe que en ese tramo no existe casa alguna, pensó que sería un camión aparcado en la finca, a la espera de cargar al día siguiente, o algo parecido. Mientras pensaba en esto, pero sin prestarle mayor atención, vio encenderse una luz, como una linterna muy potente, cuyo haz se dirigió de lleno a los cristales de su furgoneta, al tiempo que alguien le gritó...

«Oiga... Oiga... Señor, el de la furgoneta.»

Miguel Herrero se sobresaltó. Pero, acto seguido, pensó que pudiera tratarse de un vehículo accidentado, y que alguien pudiera necesitar ayuda. Así que descendió, cerró la puerta de la furgoneta, y se dirigió hacia la luz.

Poco a poco, al aproximarse, se fue dando cuenta de que aquello que al principio le había parecido un camión tenía unas medidas mucho mayores que las de cualquier vehículo terrestre por él conocido. Se detuvo entonces. Llegó hasta él un olor similar al de un pinar en una mañana de verano, pero tan tremendamente fuerte y penetrante que, a los pocos pasos, comenzó a notar naúseas y un gran mareo; y no cayó al suelo porque, entre brumas, vio cómo se acercaban dos hombres vestidos con ropas blancas, que se destacaban perfectamente en la noche.

Aunque no llegó a perder el conocimiento, no hubiera podido seguir avanzando si no hubiera sido por que aquellos hombres le sujetaron fuertemente por los brazos. A partir de ese momento se puede decir que todo es muy confuso para Miguel Herrero, y que pese a haber permanecido en el extraño vehículo cerca de tres horas, él sólo recuerda unos diez o quince minutos, aproximadamente.

Era una especie de extraño sombrero, con la parte superior semejante a una torreta, y cuyo cuerpo era un cilindro con una puerta que al abrirse vio que era de corredera.

En el momento de abrirse tal puerta, toda la parte inferior del aparato se iluminó como si fuera una gran lámpara, excepto un anillo alrededor (lo que podríamos llamar las alas, siguiendo el símil del sombrero). Miguel Herrero estimó las dimensiones de la nave, comparándolas con su propia estatura, 1,65 metros. Y el resultado fue el siguiente:

a) Desde la base del cilindro hasta el techo del sombrero, unos diez metros.

b) El cilindro inferior tendría unos tres metros y medio de altura por tres de diámetro.

c) La sala donde estaban las cinco consolas (cuatro idénticas, más una que presentaba el aspecto de uno de esos grandes órganos que hay en las catedrales) tendría de dieciséis a dieciocho metros de diámetro.

d) El anillo o «alas», que veía nítidamente entre el cielo, lleno de estrellas, y el borde interior iluminado podría medir de dos a dos metros y medio.

La cabina de los pilotos era una pieza circular de entre diez y dieciocho metros de diámetro, iluminada con una luz blanca proveniente del techo y paredes, como si todo ello fuese una lámpara de neón; pero no molestaba en absoluto a los ojos, aunque la luz era muy intensa.

Alrededor de las paredes, cinco a modo de mostradores, separados por una especie de armarios transparentes, de unos dos metros y medio de largo por un metro ochenta de ancho y uno ochenta de alto, dentro del cual había una cama de cero noventa metros de ancho y dos pequeños armarios metálicos. En cada consola, un sinfín de luces, indicadores y palancas (algunas de estas luces no cesaron de oscilar en todo el tiempo que Miguel estuvo allí dentro). Frente a la consola, por encima del aparato de televisión, la pared se hacía transparente a voluntad del operador, como Miguel pudo ver luego.

Delante de los mandos, un asiento de algo que le pareció acero y esponja, con un pedal que permitía al operador desplazarse sobre unos carriles de un extremo a otro de la consola.

La tripulación estaba compuesta por dieciséis humanoides de aspecto exactamente igual al nuestro; tanto que, vestidos con nuestras ropas, hubieran pasado completamente inadvertidos.

Pero cuál no sería su sorpresa cuando uno de los que controlaban una mesa de mandos se volvió, y Miguel tuvo la sensación de hallarse frente a un espejo que reflejara su propia imagen. El tripulante medía alrededor de un metro sesenta, de cabellos castaños y ojos azules... Tan grande era la semejanza que para que la ilusión fuera más real en cuanto a lo del espejo, una cicatriz que Miguel tiene en la mejilla izquierda, aquél la presentaba en la derecha.

Fue a dar un paso adelante, con intención de tocarle, para cerciorarse de que era cierto lo que estaba viendo; entonces, el que le pareció que debía ser el jefe se lo impidió y le dijo: «No, no le toques, pues es tu negativo y os destruiríais los dos.»

Miguel Herrero confesó que, en principio, no consiguió asimilar lo que estaba oyendo. Pero tampoco es extraño que Miguel Herrero se encontrara en un verdadero lío. Pese a que (nos confesó) no es miedoso ni impresionable, era tal el cúmulo de cosas raras que le estaban sucediendo en unos pocos minutos que tenía la sensación de que los nervios le iban a estallar en cualquier momento.

En este estado, como si adivinasen su pensamiento, el que estaba a su lado le dijo: «No te esfuerces, pues si alguien no te lo explica, no lo entenderías nunca.»

Miguel Herrero, durante todo el tiempo que duró el «contacto», no articuló palabra alguna; igualmente estos seres no emitieron palabras ni sonido alguno, ni siquiera movieron la boca, pese a lo cual en los oídos de Miguel resonaban las palabras como si estuvieran manteniendo una conversación normal. Miguel Herrero pudo recordar después algunas frases de las que oyó en el interior de la nave: Que ellos y la nave se desmaterializaban y materializaban a su propia voluntad; que no llevaban armas ni las necesitaban, pues sólo con crear un campo magnético alrededor de ellos o la nave nadie podría acercarse; le explicaron que vienen aquí desde hace tres mil años, encontrando el camino por pura casualidad. Dijeron también que se encontraron con que aquí vivían gentes del espacio exterior, y especificaron que en el Perú habían vivido otras razas de seres extraterrestres; que estaban realizando experimentos a fin de fundirse con nuestra raza terrestre.

Algo también interesante fue el nombre con el que, según Miguel Herrero, llamaban al que parecía ser el jefe: «Mayor Martín».

Eran nuestros paralelos de una tierra paralela a ésta.

Hasta aquí lo que el propio Miguel Herrero nos contó verbalmente y a través de unos folios mecanografiados en los que relató su propia aventura. También incluyó algunas cosas relatadas por Miguel durante el estado de hipnosis-media a que fue sometido.

Un asunto repleto de incógnitas

El presente análisis fue realizado por Pedro L. Delgado, excelente colaborador y entrañable amigo, a quien desde estas páginas agradecemos su magnífico trabajo sobre este caso, y que, sin duda, fue la base con la que se pudieron ir aclarando las extrañas dudas que el asunto presentaba desde el punto de vista filosófico y psicológico.

Sin duda, una de las hipótesis actuales que más aceptación parece tener dentro del amplio campo de investigadores científicos extranjeros es la posibilidad de que el fenómeno sea de origen «parapsicológico», «psíquico» o que incluso sea, más que de origen extraterrestre, de «realidad paralela» o «metaterrestre».

A la vista de esto, no cabe duda de que el caso de Miguel Herrero cobra gran valor de análisis y, sin duda, requiere una profunda reflexión para determinar hasta qué punto puede ser admitida una hipótesis como la planteada por él de una realidad paralela en su «contacto» con tripulantes de ovnis.

Hoy no hay aún suficientes elementos de juicio para afirmar la existencia de mundos paralelos. Además hay que formular previamente unas preguntas: Cuando se habla de paralelismo, ¿se entiende un paralelismo parcial o total?; ¿qué entendemos además por paralelismo total? El caso de Miguel Herrero parece que viene a responder a la última pregunta: en un mundo paralelo existiría incluso el «anti-Miguel Herrero».

La posibilidad de que existan seres contrarios e idénticos a nosotros no parece que pueda darse. Podrían darse quizá seres parecidos, semejantes y con una constitución radicalmente opuesta; quizá nada más, pero sería entonces un paralelismo parcial.

Si existiera un «anti-Miguel Herrero», y fijémenos bien en lo que esto implica, si exitiera un ser contrario e idéntico, necesariamente deberían existir los «antipadres» de Miguel Herrero (esto roza con la broma, pero no es tal). Y también es cierto que esos «antipadres» del «anti-Miguel Herrero» necesariamente debían poseer una constitución genética idéntica pero contraria a la de los padres del señor Herrero (el terrestre), pues sólo así podrían ser idénticos los hijos. Claro que, para que se diera la identidad, sería preciso que el árbol genealógico de esta familia fuera idéntico al paralelo. Pero para que fuera idéntico y paralelo, necesariamente también la muerte de cada uno de los familiares debería ser al mismo tiempo. El «anti-tatarabuelo» de Miguel moriría al mismo tiempo que el tatarabuelo. En esto están de acuerdo esos para-terrestres con nosotros, pues afirman que cuando el uno muere aquí, el otro muere allí. Lo que no nos han especificado es quién nace antes. Si uno de los dos nace antes que el otro, evidentemente no habría paralelismo tal como nos lo quieren dar a entender. Hay que pensar, pues, que los dos nacen al mismo tiempo, en el mismo instante, o en lo equivalente al mismo instante en ese otro «espacio-tiempo». Y si nacen en el mismo instante, la concepción también debería darse en el mismo instante; en definitiva todo necesariamente lo estarían haciendo al mismo tiempo que nosotros. A Miguel Herrero le dijeron en la nave que lo que pasa aquí es causa de lo que allí pasa, y lo que allí sucede es causa de lo que ocurre aquí. El único modo de entender esta inexplicable «alternancia de causas y efectos» es imaginar una sincronicidad total; pero si hay sincronicidad total, ¿cómo puede haber alternancia de causa y efecto? Si todo pasa a la vez, nadie es causa de nada en otra dimensión. Y de encontrarse una causa, sería ajena a nosotros y a nuestros paralelos, y sería «la causa de que los paralelos y nosotros hiciéramos lo mismo al mismo tiempo». Pero, repetimos, no habría causalidad en nuestros actos con respecto a los efectos que podrían producirse en nuestros amigos paralelos.

Volviendo a la sincronicidad, si ellos tienen que hacer lo que hacemos nosotros, y hacerlo en su dimensión, al mismo tiempo (o en lo equivalente al «mismo tiempo»), ¿cómo se explica que Miguel Herrero vaya en furgoneta y su paralelo en platillo volante? En apariencia hacen lo mismo, van en vehículo, mas la diferencia de vehículo implica diferencia de cultura y mayor progreso técnico; y en consecuencia no se puede hablar de paralelismo. Dijeron además que están más adelantados que nosotros; en consecuencia, no han podido hacer lo mismo y tampoco al mismo tiempo.

Si la sincronicidad existiera, para que el «anti-Miguel Herrero» tuviera un corte en la cara debería estar haciendo lo mismo que Miguel Herrero cuando se cortó. No fue así, según ellos: la culpa del corte es de Miguel Herrero. Si el otro no hacía lo mismo al mismo tiempo, bien podía estar paseando por su anti-mundo cuando, sin comerlo ni beberlo, le salió un corte en la cara. Esto no tiene lógica alguna. Como tampoco lo tiene que a un señor de nuestro planeta le corten una pierna de un tajo en una sangrienta guerra y que a otro, a su paralelo en el «anti-mundo», en ese momento en que iba andado, por ejemplo, se le caiga la pierna al suelo. Esto sólo podría imaginarse en una película cómica y de excesivo mal gusto.

Considerando estos detalles mínimos pero reveladores, ¿podemos creer que esos supuestos para-terrestres decían la verdad? Imaginar un mundo y un anti-mundo así es como imaginar que en una fotografía el positivo está bailando y el negativo echándose la siesta.

Los estudios sobre anti-materia nos revelan que al tomar ésta contacto con la materia se destruyen ambas, y si no cualquier anti-materia, sí al menos cada espacio con su contrario; por ejemplo, el hierro se destruiría al contaco con el anti-hierro o el hombre con el antihombre; y no sólo un ser humano concreto y específico, sino cualquier ser humano. En definitiva, no sólo se destruiría Miguel Herrero al tocar a su negativo, sino que tuvo que destruirse al tocar a los demás miembros de la expedición. De hecho les tocó, pues le sujetaron entre dos cuando se mareó; en cambio ninguno se destruyó. No podemos creer que fueran, por tanto, nuestros negativos. Si lo fueran, tampoco podrían experimentar para ver si pueden fundirse las razas terrestres con la de ellos (como así le dijeron a Miguel), pues el solo hecho de tocar a cualquier terrestre implicaría la destrucción del terrestre y su paralelo.

Hay otros aspectos que invitan también a recelar de los supuestos para-terrestres. El contacto con Miguel Herrero, si fue real, estaba premeditado; había una clara intencionalidad en comunicarse con él; por otro lado, sabían que Miguel Herrero no iba a temer y que iba a avanzar hacia la nave en la oscuridad del campo, a pesar de que la viera y reconociera que aquello no era humano. La prueba está en que Miguel Herrero siguió avanzando cuando vio el aparato; en cambio, cuando le llamaron para que se acerca a la nave, sabiendo el nombre de Miguel Herrero, en vez de decirle: «Oiga, Miguel, acérquese», le dicen: «Oiga, señor, el de la furgoneta», como si no supieran el nombre de Miguel; y lo sabían, pues en la nave le esperaba el supuesto paralelo.

Se observa, en su actitud al llamarle, que encubren algo, es decir, no se comportan con naturalidad. Al introducir a Miguel en la nave, hay otro detalle que nos extraña notablemente; su paralelo está de espaldas. Como si no lo esperara. Cuando de hecho tenía que ser el más interesado en verle. En cambio, está de espaldas, y sólo cuando se gira su asiento (el paralelo es el único que, creemos, estaba sentado y al margen de la conversación), cuando se gira el asiento del paralelo, es cuando Miguel puede ver que es idéntico a él. Cualquiera con alguna suspicacia advertiría cierta teatralidad en el comportamiento de ese hombre sentado que sólo revela su identidad al girar su sillón y ofrecer su rostro. Es un recurso muy utilizado por su efectismo en cinematografía. En ese momento en que ve a su paralelo es de imaginar el trauma del señor Herrero. No comprende claramente qué está pasando. Uno de los miembros de la nave le dice que a no ser que alguien le explique lo de los mundos paralelos, no lo comprendería. Si desde el punto de vista de la lógica hemos visto que no puede existir ese mundo para-terrestre, tampoco le explicaron a Miguel Herrero la razón de ser y consistencia de ese mundo. Cabe que nos preguntemos si lo que le dijo aquel miembro de la nave no fue más que una evasiva. Le dijo que «a no ser que alguien se lo explique no lo entendería», pero cabe que no se lo explicara porque no puede explicarse, por ser una absoluta e incoherente farsa.

Les parecerá aventurado decir esto. No lo afirmamos, pero ponemos en tela de juicio la aparente intencionalidad del «contacto». La intencionalidad parece ser simplemente advertirnos de los males que les causamos a nuestros paralelos. Pero dudamos que la intencionalidad fuera ésa en la medida en que no creemos en la existencia de ese otro mundo paralelo inexplicable. Dudamos también de los tripulantes de la nave porque de tres horas de contacto el sujeto no recuerda apenas nada de lo que le dijeron ni de lo que hizo durante ese tiempo. Esto nos parece muy serio. Si consideramos que no es el único caso, debemos preguntarnos dónde está ubicada la intencionalidad de los «contactos»: en la primera parte del «contacto», que es la que recuerdan

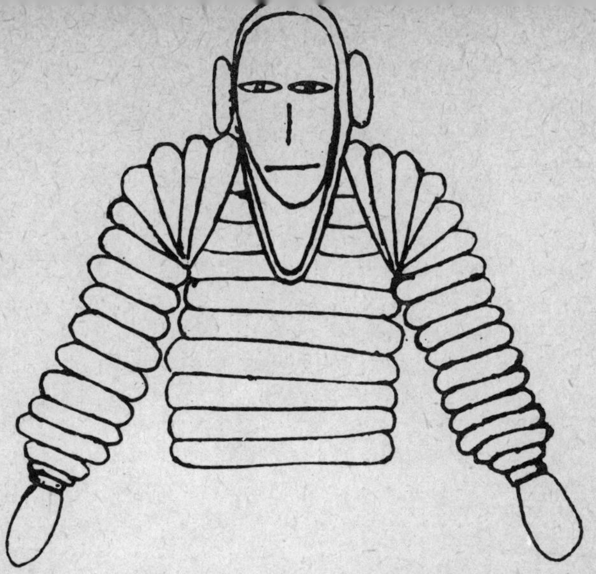

La mayoría de los tripulantes, cuando descienden de sus naves lo hacen provistos de un traje espacial inflable, según puede observarse en este dibujo.

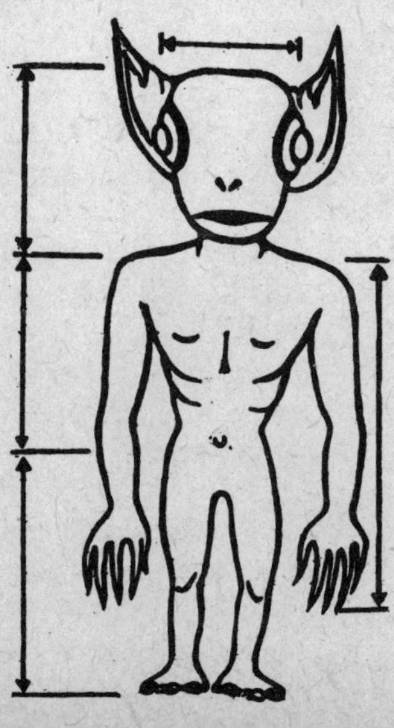

Dentro de la variada tipología que presentan los tripulantes de los ovnis, es curiosa la figura del llamado «duende de Kelly Hopkinaville (dibujo distribuido por las Fuerzas Aéreas de los Estados Unidos).

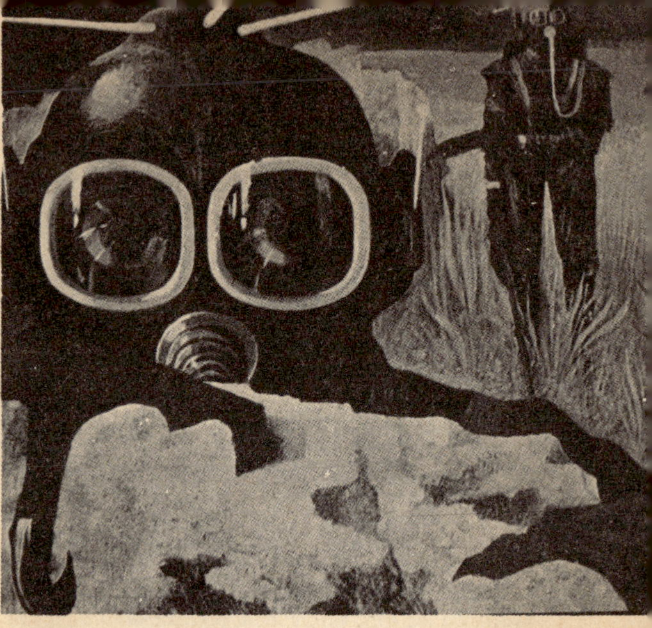

Los testimonios auténticos y sinceros de quienes pudieron observar de cerca a los extraterrestres, se mezclan con la fantasía en una especie de parodia de la ciencia-ficción.

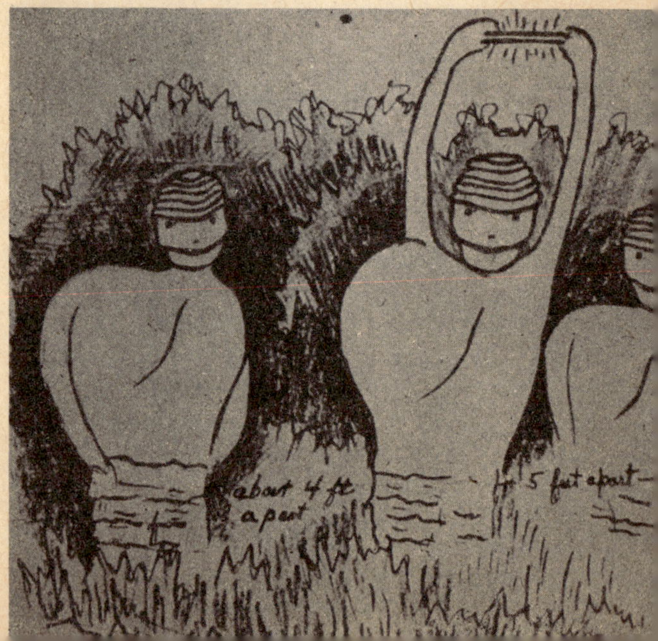

Junto a tipos de extraterrestres difícilmente diferenciables de los humanos, existen otros, deformes y de extraño aspecto. ¿Hasta qué punto se puede dar crédito a los relatos de los «contactados»?

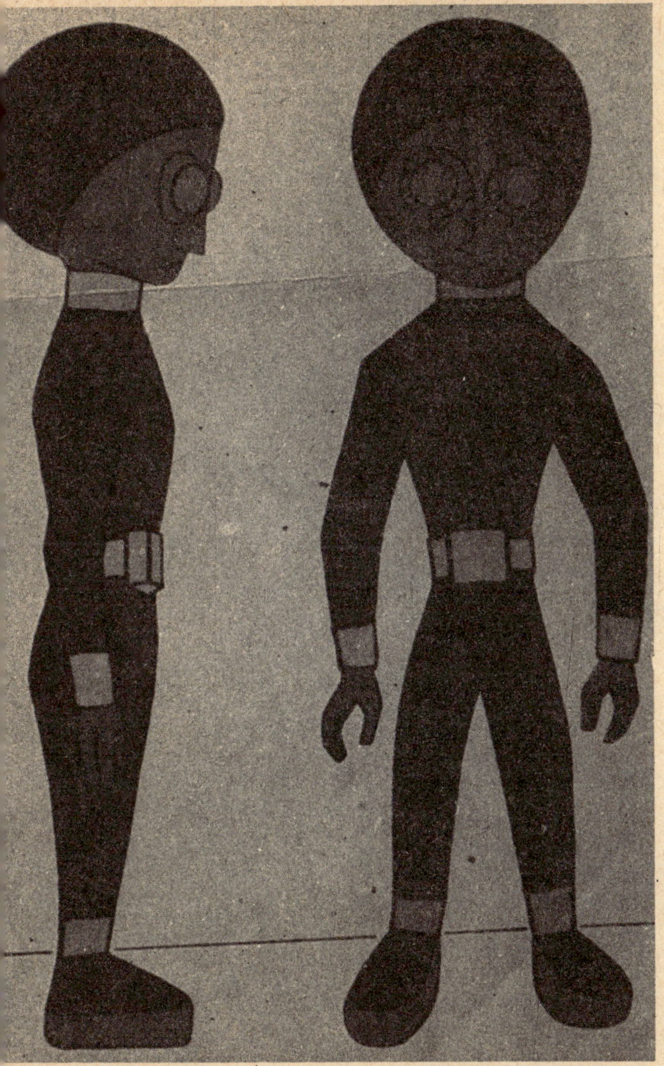

Humanoides de baja estatura y enorme cabeza, desproporcionada con relación al resto del cuerpo. Por su aspecto, se podría decir que se trata de robots.

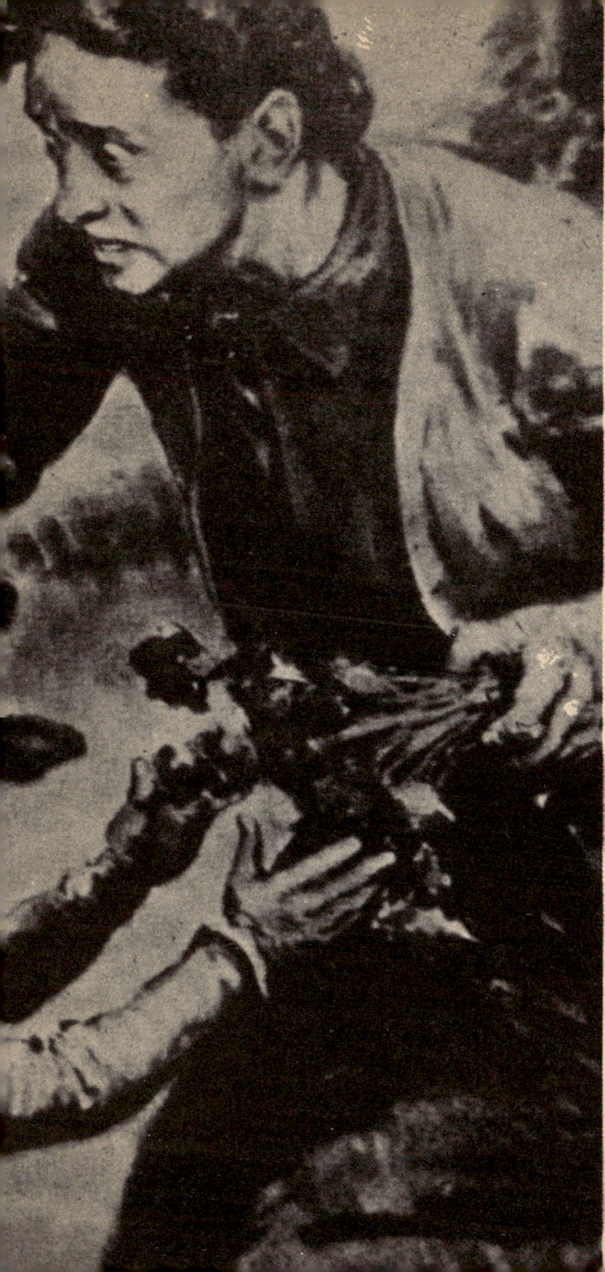

Dentro de la variada tipología de los tripulantes de ovnis, con frecuencia han sido vistos unos extraterrestres de baja estatura, junto a una pequeña nave de extraña forma.

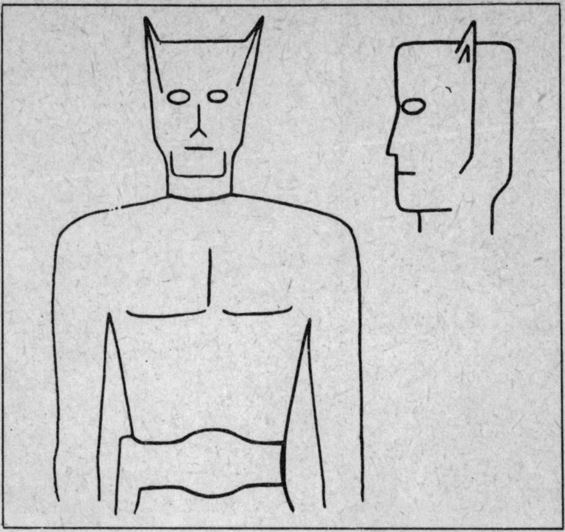

De acuerdo con las informaciones de los «contactados» se está intentando una clasificación de los supuestos extraterrestres basándose en su aspecto físico.

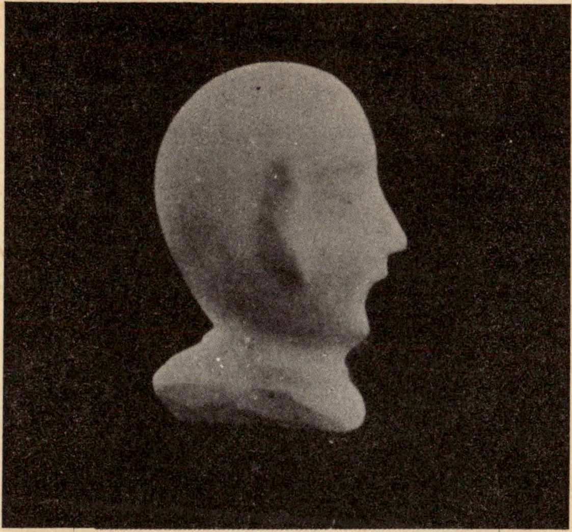

Ojos con pliegue mongólico, pómulos muy pronunciados, nariz triangular, labios finos, orejas alargadas y cráneo braquicéfalo: estos son los rasgos más distintivos de un humanoide prototipo, según una interpretación debida a Merlo.

los contactados, o en la segunda larga parte del encuentro, que es la que no recuerdan (en próximos capítulos podremos ver perfectamente ésta pauta del presunto «contacto» o «abdución»).

¿Se pretendió comunicar algo sobre mundos paralelos, o eso fue una confusa tapadera para utilizar a Miguel Herrero durante tres horas?

¿Hipnotizaron a Miguel Herrero para marcarle pautas de comportamiento o ideas útiles para esos supuestos para-terrestres? Si se le dijo algo positivo en estado no consciente, si se le favoreció de algún modo, ¿por qué no se lo dijeron en estado consciente?; ¿por qué, al menos, no le advirtieron de que, en estado inconsciente, se iba a hacer algo positivo en su mente?

Miguel Herrero, en trance hipnótico, elude hablar de lo que le ocurrió en la nave durante ese tiempo. Si se le dio una orden poshipnótica para que no hablara, ¿no debemos entender que de algún modo se le ha programado? Al menos se le ha programado para que no hable.

Considerando que no es el único caso en el que un sujeto no recuerda la totalidad del «contacto», considerando también los puntos oscuros en el contacto y las contradicciones de los para-terrestres, cabe que nos preguntemos si no estamos frente a una misma estrategia extraterrestre, es decir, que se persigue hacer, decir u ordenar algo a los sujetos contactados o abducidos, algo quizás contrario a la propia voluntad o intencionalidad de éstos (esto se podrá apreciar en el caso de abdución de Julio F., donde el sujeto es totalmente manipulado sin su consentimiento consciente).

Como se puede ver en este análisis, el supuesto «contacto» está más dentro de una fabulación consciente (tanto del propio Miguel, como vamos a poder ver más claramente ante los análisis psicológicos de su personalidad, como por parte de los presupuestos paraterrestres, si admitimos como cierto el «contacto») que de una auténtica aventura vivida por un sujeto. El relato es una pura incoherencia; cierto es también que el fenómeno ovni se manifiesta siempre de esta manera incoherente; pero también es cierto que una de las propiedades de nuestro inconsciente es esta misma ley de la incoherencia, lo absurdo, las fantasías, etc...

Interviene la psicología

Inmediatamente después de conocer el relato de Miguel Herrero se realizó una investigación del lugar donde habían sucedido los hechos. Había transcurrido un mes y era lógico que no hubiera la menor huella; pese a todo se rastreó la zona, sin encontrar el menor vestigio de nada anormal en la zona.

Nuestras investigaciones se centraron en la persona de Miguel Herrero, grabando todas las entrevistas mantenidas con él, y posteriormente, analizadas éstas minuciosamente, fueron estudiadas por expertos, a fin de determinar todos los rasgos de su personalidad.

Se le indicó la conveniencia de que fuera sometido a varias pruebas psicológicas y psiquiátricas, con lo que estuvo de acuerdo. Convinimos pasarle una batería de test; formada por el Rorschach, Wais, Bender y Raven, aparte de otras pruebas psicométricas de personalidad, con las que pudiéramos realizar después las correspondientes correlaciones.

Los tests han quedado prácticamente incompletos hasta la fecha, pues debido al trabajo de Miguel Herrero como conductor, permanece gran parte del tiempo fuera de su domicilio. Ha sido imposible mantener con él los necesarios contactos para la realización de estas pruebas. Varias veces nos prometió acudir a nuestro domicilio; siempre se evadió de ello.

También se habló de la necesidad de someterlo a un narcoanálisis; sin embargo, tuvimos que desecharlo por haber sufrido Miguel una afección en el corazón, a consecuencia de la cual tiene dañada la válvula mitral. (Hay certificados médicos de esta lesión.) No obstante, debemos hacer hincapié, hasta en esta *casualidad* que limitaría también esta parte de nuestra investigación. Demasiadas casualidades es raro.

Ante tanto contratiempo se le practicó la hipnosis, por parte de don Joaquín Grau, persona totalmente desvinculada de nuestro equipo, descartando de esta forma una posible incidencia por nuestra parte en el testigo. Tampoco se pudo profundizar mucho, por los mismos riesgos citados anteriormente. En esta pequeña hipnosis, Miguel se limitó a subrayar poco más o menos lo que hasta el momento nos había contado en estado consciente. Lo que más aportó en el estudio del caso fueron las entrevistas mantenidas con él en el plano psicológico, en las que se pudo apreciar su personalidad. También se elaboró un amplio estudio en base a la caractereología del sujeto, según los métodos de análisis de Paul Griegier.

Como resultado de estos estudios se llegó a la conclusión de que era una persona con trastornos conflictivos en su personalidad, motivados por una fuerte carga de inseguridad ante su propia trascendencia en la vida. Mostró también ser una persona sumamente inquieta, con un amplio poder intelectivo y de captación de situaciones rápidamente. Hay además una parte de conflictos en el campo afectivo más inmediato a él (esto se dedujo de estudios psicoanalíticos en su personalidad), concretamente su situación materna.

Nuevas aportaciones a estos estudios fueron los excelentes informes realizados a petición nuestra por doña María Mercedes Serra, psicólogo clínico, diplomada en grafopsicología por varias universidades europeas, profesora en la escuela de Medicina Legal de la Universidad Complutense de Madrid y diplomada en Criminología. Los datos que aportó el informe son realmente valiosos:

El grafismo de Miguel muestra rasgos de exaltación, deseos de llamar la atención, tendencia a extenderse, salir de sí, ascender, llegar arriba, sobrepasarse para alcanzar algo, sobresalir del término medio. Ambición. Necesita sentirse emisario de una idea, etc. Muestra rigidez en sus propias ideas, con rechazo instintivo y sin examen de las ideas de los otros, por creer que ponen en peligro su propio orgullo.

Muestra debilidad en la autocrítica y mayor debilidad para rectificar. Peligro de error en las decisiones, por la rigidez mencionada, que le puede situar fuera de la realidad. Esta rigidez puede afectar su vida profesional y a la vida de relación, por la frecuencia de las reacciones tensas en su conducta. Perseverancia en la forma de actuar, por orgullo y tendencia a defender su posición ante los requerimientos de los otros. Trastornos, perturbaciones en el sentimiento. Situaciones conflictivas. Cambio en la escala de valores. Placer en la oposición. Deseos de causar una impresión de mayor seguridad de la que siente.

La impresión que pueda causar tiene gran importancia para él. Posee gran rapidez de captación y asimilación ideativa. Afición a la lectura. Pensamiento discursivo, sin faltarle intuición. Subjetivismo por la exaltación, ya mencionados.

Ante todos estos análisis e investigaciones, la hipótesis hacia la que más nos inclinamos en este «caso», sin lugar a muchas dudas, es la de que Miguel Herrero se ha inventado conscientemente la historia de su «contacto». Sin embargo, queremos ser lo más objetivos posible y vamos a dejar abierta la puerta a otras hipótesis:

¿Fabulación inconsciente?

¿Extraño fenómeno parapsicológico?

¿Manipulación de tripulantes extraterrestres?

¿Por qué no?, mundos paralelos...

Posiblemente cualquiera de estas hipótesis y otras más podrían aceptarse como válidas. Las prubas, desgraciadamente, no son lo suficientemente sólidas como para probar nada en favor o en contra.

No queremos cerrar el capítulo sin agradecer a los numerosos amigos y colaboradores del campo de la psicología clínica la valiosa ayuda prestada para la investigación de este caso.

6

Experimentando con seres humanos

Quizá una de las pautas más marcada en el «contacto» o «abdución» por parte de «tripulantes» de ovnis, sea el total desinterés que muestran hacia los seres humanos presuntamente «contactados».

Ya analizamos este comportamiento en el caso de Miguel Herrero, donde indicábamos el extraño hecho de que no hubieran mostrado interés porque Miguel recordara todo el tiempo pasado dentro de la nave. Tal vez este no-interés en que los testigos recuerden nada se base en las extrañas pruebas y análisis a que son sometidos en el espacio de tiempo que no «recuerdan» conscientemente.

Valga si no como ejemplo el extraño relato de Julio F., otro madrileño «abducido» del tiempo, que no recuerda conscientemente, sino en estado hipnótico.

Antes de relatar el suceso del que Julio F. fue protagonista, creemos que debe quedar claro que este caso se encuentra en plena fase de investigación y estudio por parte de varios psicólogos y psiquíatras, por lo que en ningún momento se puede juzgar sobre la autenticidad o negación del «suceso». Valga su exposición simplemente como un elemento de interés y ejemplo en el análisis de las pautas que muestran los tripulantes en sus «contactos» con humanos.

Para tener, lo más fielmente posible, conocimiento del «suceso», vamos a relatarlo tal como apareció en la revista dedicada a estos temas en nuestro país, *Contactos extraterrestres*, ya que además se da la coincidencia de que el autor del artículo ha sido uno de los investigadores que más de cerca pudo seguir el caso, por lo que, insistimos, es una de las exposiciones aparecidas en la prensa que a nuestro juicio ofrece más interés y profundidad.

El relato de Julio F.

Tras una breve exposición de las características de algunos de los investigadores que siguen el caso de Julio F., y que omitimos para no cansar al lector, transcribimos el relato que éste efectuó con el título «Comunicación por sensaciones mentales».

«... Ocurrió el 5 de febrero de 1978, día en que se cerraba la veda. Me levanté a las dos de la madrugada. Y pese a que en los últimos tres años había cazado en la provincia de Avila, decidí dirigirme hacia una zona llana de liebres que ya conocía, cercana a Medinaceli, en la provincia de Soria. Como de costumbre, con la única compañía de mi perro ''Mus'', un pointer inglés ligero, de pura raza.

»Era todavía de noche. Cuando me encontraba a 50 kilómetros de Medinaceli, un impulso extraño me obligó a desviarme por un camino situado a la izquierda de la carretera, 10 ó 12 kilómetros antes del lugar hacia donde me dirigía. Y cuando había recorrido unos 100 ó 150 metros, el coche se detuvo, falto de corriente; se apagaron las luces y la radio enmudeció.

»Mi reacción inmediata fue bajarme, abrir el capó, mirar si era la bobina. "Mus" salió del coche conmigo, y mientras yo miraba el motor, advertí que el perro gruñía, se puso a mi lado, muy nervioso, con el pelo erizado. Aquello me asustó y mi reacción fue coger la escopeta, una Winchester de cinco tiros, y cargarla, manteniéndome a la expectativa.

»De pronto, vi bajar por una loma próxima dos figuras humanas cuyo traje destacaba en medio de la oscuridad. Nada más verlos comencé a tranquilizarme. Algo sentía dentro de mí que me decía: Tranquilo, no pasa nada. Supe inmediatamente que no eran de aquí. Se comunicaban conmigo mediante imágenes similares a diapositivas, que yo sentía más que veía. Ellos también podían leer mis pensamientos. Me miraban fijamente a los ojos con una mirada penetrante y tranquilizadora. Iban vestidos igual, con un traje color verde manzana, todo de una pieza y sin costuras, como los pijamas de los niños. Incluso las suelas de los zapatos eran una continuación del pantalón, aunque se veían más duras. Lo único que destacaba era un frunce en la cintura. Llevaban cubierta la cabeza por una especie de "verdugo" que les caía hasta por debajo de los hombros, de un color crema amarillento y una textura similar al punto de seda, dejándoles el rostro al descubierto. Sus manos aparecían enfundadas en unos guantes hechos al parecer del mismo material que el "verdugo".

»En cuanto a sus rasgos físicos, eran muy parecidos a los nuestros y podrían pasar perfectamente por humanos; aunque su mirada era diferente. Complexión atlética, sobre 1,90 metros de estatura, piel blanca muy pálida, sienes abultadas, ni rastro de cejas, pestañas o barba. Ojos azules muy grandes, claros y redondeados, prácticamente transparentes, con iris y pupilas enormes. Labios muy finos, nariz larga y afilada, pómulos angulosos pero no salientes; rasgos muy cortados.

»El perro se mantuvo a mi lado, aterrorizado, nervioso, gruñendo hasta que le tranquilicé, como si estuviera en presencia de algo extraño. Pero nunca intentó escapar ni atacarles. Me pidieron mentalmente que les acompañase, mostrando gran interés por "Mus", que se mantuvo en todo momento muy excitado. Acepté y caminé entre los dos, pese a no estar completamente tranquilizado, recorriendo unos 150 ó 200 metros. Al llegar a lo alto de la loma, lo vi, asombrado: un enorme platillo plateado, similar a una seta. Tendría un diámetro de unos 50 metros y parecía flotar inmóvil a unos cuatro metros del suelo.

»Del centro de la nave bajó un cilindro sin junturas que permaneció a un palmo del suelo, abriéndose en el mismo una puerta de guillotina cuya existencia fui incapaz de apreciar. Entramos por ella. Pero "Mus" se quedó fuera, pese a que le llamé con insistencia, teniendo que introducirle yo mismo. Allí, como en el interior del platillo, olía intensamente a pino.

»El cilindro comenzó a ascender, volvió a abrirse la puerta y salimos a un pasillo que nos condujo a un corredor circular que parecía rodear al platillo por su periferia. Al entrar en la nave tuve una sensación de mareo que luego se me pasó. Dejamos dos puertas a nuestra derecha, llegando ¡a una escalera similar a la de las piscinas! No me expliqué lo que hacía algo tan rudimentario en un artefacto tan sofisticado. Subimos por ella. Yo lo hice con cierta dificultad, ayudándome con una mano, pues con la otra sujetaba a "Mus" contra mi cuerpo, mientras la escopeta colgaba de mi hombro. No tuve gran problema, porque en mi juventud practiqué montañismo.

»Llegamos así a una sala circular de unos 20 metros de diámetro. En ella había otro individuo vestido igual que mis acompañantes. El techo era abovedado. El suelo parecía de cristal liso, totalmente pulido y luminiscente. En todo el interior del platillo reinaba una intensa luz blanca que no procedía de foco alguno, sino que parecía emanar de todas partes. Allí dentro no se proyectaba sombra alguna.

»En el centro de la sala había una especie de consola con una pantalla parecida a las del cinerama, alargada, más alta en sus extremos y que se estrechaba en el centro. Ante ella, dos sillones muy extraños: descansaban en un solo soporte cónico que se estrechaba al llegar al suelo, encajándose en una especie de guía sobre la que se desplazaba cuando pulsaban unos botones ocultos bajo el brazo de los mismos. Me invitaron a sentarme en uno de ellos y yo pensé que podía caerse al soportar el menor peso, dada su aparente inestabilidad. Pero pude comprobar que era tan cómodo como consistente.

»Distribuidas alrededor de la sala había otras dos consolas similares, llenas de lucecitas parpadeantes y con un solo sillón cada una. Detrás de mí vi una suerte de armario, y a mi derecha una pantalla de cristal negro, que debía ser similar a las de rayos X, pese a que cuando situaron a Mus tras ella no logré ver nada. Luego me pidieron que me colocara yo para examinarme y entonces pude advertir que me llegaba a la altura del tórax.

»Me pidieron permiso para extraerle sangre al perro

de una de sus patas y lo hicieron con una jeringuilla metálica, similar a las usadas por los dentistas para anestesias, detalle que me llamó mucho la atención, pues me pareció tan anacrónico como la escalera de mano.

»Allí sentí la necesidad de fumar, aunque cuando estoy en un sitio cerrado y en el que no hay ceniceros, nunca lo hago. Me supo mal tener que arrojar la ceniza a un suelo tan limpio, pero no hubo más remedio.

»Tenía miedo de que me llevaran fuera de la Tierra, sobre todo cuando me pidieron que me sentara. Así que procuraba no perder de vista el terreno sobre el que flotaba la nave, que podía ver —ya era de día— a través de las ventanas circulares que rodeaban la habitación. Aunque, por otra parte, sentía que si yo no les daba mi autorización no me llevarían con ellos. Al principio no me separaba de la escopeta; pero luego acabé confiándome.

»En dos momentos, a lo largo de mi estancia, escuché como un pitido estridente y muy agudo, similar a una flauta de cuatro pies o a la señal emitida por un teléfono cuando está comunicando. Aquello pareció agitarles mucho y cada uno se dirigió a su puesto, frente a una consola, como si fuesen militares bien disciplinados. Entonces, la pantalla, que hasta aquel momento me había parecido opaca, se difuminó y sobre ella apareció el busto de un hombre vestido como ellos, pero de mayor edad, quien les habló como si fuera un superior. Tan sólo en esas dos oportunidades les vi mover los labios, para hablar en un lenguaje extraño, duro, monosilábico y desagradable, similar al coreano o algo así.

»Yo permanecí sentado en una butaca de la mesa central. Y cuando terminó la primera comunicación a través de la pantalla, oí un silbido extraño en el interior de mi cabeza, que no sé de dónde procedía. El perro estaba tumbado a mi lado y cuando, tras escucharlo, volví a mirar, se hallaba al otro lado de la sala. Debió asustarse por el silbido y escapar.

»Me hicieron muchas preguntas sobre la organización social de la Tierra, sobre la economía, sobre mi escopeta, si cazaba por necesidad o, si no, qué razón me impulsaba a hacerlo. Les expliqué lo que pude, rudimentariamente, como si se lo contase a un niño.

»Una y otra vez les pregunté de dónde venían. Por toda respuesta, en mi cabeza aparecieron un 3, un 7 y una especie de cuadrado, que luego me dijeron era similar al símbolo de Géminis. Pero no he sido capaz de entender lo que me querían decir con esto.

»Cuando me pidieron la escopeta para examinarla, yo me apresuré a descargarla, para evitar el peligro de que se disparase, y se la entregué. No me gustó ver que la trataban como algo rudimentario, como haríamos nosotros con un hacha de piedra. Abrí un cartucho con la navaja, para que viesen su contenido, y lo dejé encima de una mesa, junto con otro completo y con dos cigarrillos.

»Supe entonces que ya podía marcharme. Antes me prometieron que les volvería a ver —ellos me avisarían—, y que, de ahora en adelante, todos les verían.

»Uno de los tripulantes bajó conmigo hasta el cilindro que me depositó en tierra. Cuando salí del mismo, el sol me deslumbró. Solté entonces a "Mus", que salió disparado hacia el coche. Regresé sin volver la cabeza atrás (bajo hipnosis explicará luego que no podía hacerlo), mirando siempre hacia adelante. En mi interior no quería volver a ver el platillo, pero temía así mismo no observarlo de nuevo. Entré en mi automóvil y me senté. Se me ocurrió mirar el reloj: lo tenía parado a las 6,40. Esa podía ser la hora en que entré en el aparato.

Permanecí sentado en el coche y sintonicé Radio Nacional para saber qué hora era. Me fumé un pitillo sin quitar la vista de la loma tras la que, antes al menos, se ocultaba el ovni. Diez minutos más tarde dieron las diez de la mañana. Estuve allí hasta las doce, quieto, pensando sobre lo ocurrido, esperando verle elevarse, sin resultado.

»Pensé que todo pudo haber sido una alucinación. Pero me resistía a creerlo así. Además, estaba la marca del pinchazo en la pata de "Mus", claramente visible, y faltaban los dos cartuchos que había dejado en el platillo. Yo siempre salgo a cazar con la cartuchera llena y otros tres en el bolsillo. Comprobé que sólo me quedaba uno de estos tres proyectiles.

»Decidí seguir mi proyectado día de caza, al encontrar un terreno muy apropiado. ¿Qué otra cosa podía hacer? ¿Quién me creería? A fin de cuentas, hasta ese momento yo no había creído nada de cuanto se dice sobre los ovnis. No me fue nada mal; aquella tarde cobré unas cuantas piezas. ¿Cómo pude encontrar codornices en Soria y en invierno? Desde luego, no es muy habitual, pero así fue y está mi familia para atestiguarlo.

»Al anochecer, regresé a casa, como de costumbre. Decidí no contarle nada a mi mujer, para no preocuparla, ni a ninguna otra persona, porque —insisto— a mí mismo me habría resultado el caso absolutamente increíble. Me duché y revisé entonces mi cuerpo, para ver si había algo extraño; no encontré nada sospechoso.

»Pasados tres días, sentí la necesidad de contárselo a mi hermano. Hacía tiempo que a él le gustaban estos temas, ¡y yo me había burlado varias veces de sus aficiones! Y aquí estoy ahora, dispuesto a lo que sea para saber lo que ocurrió realmente aquella mañana. Los recuerdos que tengo vienen ocupando unos tres cuartos de hora como máximo y —sin embargo— podría calcular que estuve en el interior de aquel aparato unas tres horas. Eso me parece lo más desconcertante...»

La investigación psicológica

Hasta aquí el relato en estado consciente que recuerda Julio F. y que hemos transcrito en su totalidad del artículo que Enrique de Vicente publicó en la revista citada al principio.

La investigación profesional del caso surgió cuando José Luis Jordán Peña, psicólogo industrial y conocido investigador del tema ovni, daba una de sus numerosas charlas a que su actividad le lleva.

Tras meditarlo varias veces, Julio F. decidió, al término de la charla de Jordán Peña, acercarse a éste y contarle su historia, pues como él mismo confiesa, cada día que pasaba tenía más necesidad y por supuesto la sigue sintiendo de saber hasta qué punto su extraña «aventura» ha podido sucederle o hasta qué punto todo es fruto de una mala jugada de su mente.

Huelga decir que José Luis Jordán Peña es uno de los investigadores que más fama tiene de hombre escéptico, al mismo tiempo que sigue una línea auténticamente científica; es hombre abierto a todo tipo de comprensión de cualquier fenómeno, por absurdo y antinatural que se le presente. Lógicamente, era la persona ideal para empezar la investigación de uno de los casos que pensamos de más consistencia y credibilidad en estos momentos, dentro del enrevesado mundo que rodea a la casuística ovni.

Extractamos el relato de las sesiones hipnóticas:

«... La primera sesión de regresión hipnótica tuvo lugar en la consulta psiquiátrica del doctor Jiménez del Oso, que coincidió con la docena de médicos, psicólogos, hipnólogos y estudiosos asistentes a la misma en la credibilidad que inspiraba el relato y en la idoneidad con que Jordán condujo la prueba. A la segunda sesión, realizada en el Colegio Menesiano madrileño, asistieron unas 50 personas, entre las que se incluían prestigiosos profesionales y especialistas en las más diversas materias, cuya opinión subjetiva —tras asistir a las dramatizaciones con las que Julio revivía, bajo hipnosis, los momentos emocionalmente más intensos de su experiencia— fue mayoritariamente positiva.»

En ambas regresiones Julio aportó algunos detalles de gran interés que no recordaba con precisión, como sus reacciones al encontrarse cerca del ovni, antes de entrar al mismo: «Estamos bajo el platillo... ¡La escopeta!, la siento; me tira del brazo hacia arriba... Sube la navaja en el bolsillo... El pelo se me eriza...» Reacciones que corresponden a las experimentadas por muchos testigos en las proximidades de un ovni y que muchos expertos atribuyen —al igual que la paralización del coche— a un campo electromagnético generado, al parecer, por los «no identificados».

Pero lo más asombroso comienza en el momento en el que Julio recuerda haber escuchado un intenso silbido en el interior de su cabeza. Su relato —que hemos redactado intercalando sus respuestas con las preguntas de Jordán, grabadas en ambas sesiones— es impresionante:

«... ¡No me puedo mover! —exclama angustiado—. Me levantan. "Mus" ladra. Ha caído al suelo. ¡Le han matado! Me llevan. No toco el suelo. Ellos vienen conmigo. Me bajan por la escalera. Bajo solo. No toco nada. Me llevan por el pasillo y no me puedo mover.

»Entramos por una puerta. Me desnudan. Me quitan todo. Estoy muy asustado.

»El techo es como una media esfera, de cristal transparente. El suelo es una reja plana. Debajo hay mucha luz... Tengo las manos hacia arriba, en aspa. No puedo moverme. Me miran fijamente. Hay dos individuos. No son los mismos de arriba.

»¡Hay una esfera metálica! Flota frente a mí. Se mueve. (Luego irá recordando detalles conscientemente, explicando que la bola dorada se desplazaba de un lado a otro y tenía el tamaño de una pelota de balonmano.) Salen hilos de ella, lo hacen solos (todo su cuerpo —bajo hipnosis— comienza a reflejar una gran angustia); son de colores. Tienen en su extremo un dedal pequeño. Vienen hacia mí. Abro la boca; no puedo cerrarla. Me miran. No puedo cerrarla. Me miran. No puedo cerrar los ojos. Dos hilos entran en mi boca. Uno va al esófago; lo siento; me molesta. Otro queda en la boca, bajo la lengua... ¡Hay hilos por todas partes! Otro va al ojo. Uno entra en el ano. Dos por el pene. ¡Me duele la uretra...!

»¿Qué pasa?, ¿qué quieren?, les pregunto... Van a tomar muestras de los líquidos de mi cuerpo. Me lo comunican mentalmente: jugos gástricos, intestinales, saliva, lágrimas, semen, orina... Me pinchan en la espalda, en la rodilla, en la oreja, para extraerme líquido cefalorraquídeo, sinobia, sangre. No sé cómo lo hacen... Ellos me miran.

»¡Ya!, ¡ya han salido! ¡Quiero irme ya...! Se han apoderado de mis movimientos. Me suben a la sala, por la escalera. No peso. No toco el suelo. Me sientan. No sé cómo lo hacen. Me sujetan al asiento. Estoy desnudo. "Mus" está allí vivo... Me pegan cables a la cabeza y al pecho. Y a "Mus" también.

»Se mueve todo. ¡Vamos a salir! No pasa nada: volveremos... No veo nada. Todo está negro. ¡Peso mucho! ¡No puedo respirar! (Los expertos comentarán después que Julio revivió perfectamente, bajo la hipnosis, lo que parecen ser los síntomas de una aceleración superior a la terrestre, con la consiguiente sensación de "black-out" o velo negro, en la que la anorexia —al variar la frecuencia en el riego sanguíneo del cerebro— produce una ceguera momentánea.)

»¡Ya! —exclama Julio, aliviado—. Ahora ya veo. No peso nada. Me han soltado. Voy flotando. Los cables vienen conmigo: ellos también flotan. No me controlo. Todos flotamos... Las ventanas. Miro: ¡El suelo... no está! Está todo negro. Veo lucecitas: son estrellas. La Tierra: ¡Es muy grande!, es azul; veo espirales blancas. Estoy orbitando. No tengo peso. Es bonito. ¡Es bellísima! Me encuentro a gusto, muy a gusto. ¡Quiero quedarme! El perro flota conmigo. Damos sólo una vuelta. Veo toda la Tierra.

»Me llevan a otra ventana. Se ven estrellas (Jordán le pregunta si centellean, según las vemos desde la Tierra debido a las vibraciones de la atmósfera; pero Julio no duda al contestar correctamente, como si de un auténtico astronauta se tratase): están quietas. La Luna, muy brillante. La veo muy grande, pero más pequeña que la Tierra. Tiene puntos... ¡No!, son los cráteres. Ahora ya no veo la Tierra...

»Me llevan al sillón. A Mus también. Sigo desnudo. Me atan. Otra vez peso, peso mucho (la angustia vuelve a adueñarse, en la hipnosis, del cuerpo de Julio). ¡No veo, no veo! No puedo moverme. Siento náuseas...

»Otra vez veo el campo. Ahora me visten. Me han

quitado los cables. Oigo un silbido. Silba fuerte... ¡"Mus"! ¡Se ha ido! "Mus", ¡ven aquí! Así, ¡quieto...! Silba, cortado. ¡La pantalla! Se ilumina ahora. ¡Otra vez! Aparece él, el de antes...»

Y Julio sigue recordando bajo hipnosis el resto de la historia que ya hemos detallado...

Enrique de Vicente puede cerrar la investigación de este extraño caso de abdución con unas excelentes deducciones, que por su gran valor no nos resistimos a reproducir:

«Todos los asistentes a las sesiones se revuelven en sus asientos. La angustia compartida ha terminado. Hacen comentarios; los más, de asombro; los menos, de duda. Técnicos y científicos coinciden al comentar lo asombrosas que resultan algunas descripciones, como la de la supuesta salida al espacio, provistas de detalles difíciles de fingir y menos en el estado de hipnosis.

Los ufólogos familiarizados con los casi 150 casos de abducción o experiencias en el interior de los ovnis recuerdan numerosos detalles de muchas de estas historias que coinciden con los aportados por Julio, sin que quepa suponer que él tuviese anteriormente conocimiento de los mismos, puesto que la mayor parte de éstos tan sólo han sido publicados en revistas o libros muy especializados, escritos en otros idiomas y de difícil acceso para el lector español.

Los más nuevos entre los presentes se inclinan a creer que se trata, en realidad, de una vivencia en el interior de una nave extraterrestre llegada a nuestro mundo en plan de investigación. Los más resabiados y rigurosos prefieren no emitir opinión alguna sobre el particular.

Porque el caso Julio —como el problema general que plantean todas las abducciones— no está cerrado aún. Gracias a su magnífica disposición, a su auténtico deseo de conocer lo que realmente le ocurrió —propio de alguien que no miente—, continuarán las investigaciones bajo hipnosis y los análisis sobre las mismas, dentro del amplio marco del "fenómeno abducción". Un fenómeno más complejo de lo que parece a simple vista.

Sin desear ser simplistas, hemos de advertir que en la narración hecha por Julio bajo hipnosis se encuentran las distintas etapas y numerosas características propias de las construcciones alegóricas que —según han demostrado la psicología evolutiva y algunas psicoterapias contemporáneas— el psiquismo desarrolla sin dificultad alguna en los estados de conciencia infravigílicos, entre los que se incluye el trance hipnótico.

En un primer momento aparece el descenso a "los infiernos", a las regiones inferiores, situadas bajo el plano del que se ha partido, y en las que es normal se den vivencias desagradables y de carácter visceral, así como que aparezcan "seres" dotados de un comportamiento poco amigable.

En efecto, Julio es descendido en un estado de parálisis total —similar al de la muerte; recuérdese que él está convencido de que han matado a su perro— hasta una sala esférica —una forma bien arquetípica— donde unas entidades diferentes a las que le condujeron hasta el ovni le someten a desagradables experimentos que afectan a sus vísceras. Es un nivel —como el de los infiernos— del que se quiere escapar cuanto antes.

Tras un regreso al plano medio, propio de la vida ordinaria (donde comprueba que "Mus" vive aún), se observa un doble ascenso a las regiones "celestiales", situadas en un nivel superior a aquel del que se ha partido: La supuesta nave, en efecto, parece ascender al espacio exterior, hacia el cielo, al tiempo que Julio —junto con "Mus" y los tres "tripulantes"— flota, libre de las ataduras que impone la gravedad terrestre. Se trata de un estado en el cual se quisiera permanecer mucho tiempo, para siempre. Una vez en él, Julio ha olvidado sus previos temores a que le llevaran fuera de la Tierra...»

Creemos que estas consideraciones de Enrique de Vicente deben ser tenidas en cuenta. Las pautas de comportamiento que los «tripulantes» manifiestan en todos sus «contactos» o «abducciones» están ligadas, generalmente, como hemos podido leer en capítulos anteriores, a elementos que, si bien no podemos decir que en su mayoría sean agresivos en el mismo instante de ocurrir el «suceso», sí van a repercutir en la persona a largo plazo; sobre todo en los aspectos referentes al comportamiento psicológico.

Nuevamente recurriremos a las ideas de Enrique de Vicente en su exposición del caso de Julio; hay unas frases que pueden apoyar la incidencia psicológica tras el «contacto».

«... Nos limitaremos a añadir que, después de su experiencia, Julio tuvo la idea de que tal vez podría contactar con "ellos" mentalmente. Nos costó un cierto esfuerzo —porque él mismo no está demasiado convencido de que hayan sido "reales"— saber que creía haber tenido dos comunicaciones mentales posteriores. En ellas preguntó —por ejemplo— por qué le habían elegido a él y no a gente importante...»

Esto es cierto, suele ocurrir: el propio individuo duda de su propio «contacto», necesita autoconvencerse de que lo que ha vivido ha sido «real». Y, lógicamente, esta necesidad puede llevarle a preguntarse que ¿por qué ha de ser cierto?...

7

Comportamiento humano tras un «contacto»

Si analizamos los dos capítulos anteriores, queda claro que la personalidad de los sujetos «contactados» o «abducidos» cambia, y cambia considerablemente también su propia personalidad psicológica. Personalidad que insistimos no va a cambiar solamente en el aspecto concreto de tener que contar una experiencia que obviamente para muchas personas va a ser difícil de creer. Esto indudablemente va a producir algunos momentos conflictivos para el sujeto, pero nada más. Puede que se decida rápidamente a contar el «suceso»; o, por el contrario, tarde más, pero al final sentirá la «necesidad» de darlo a la luz.

Sin embargo, no son estas pautas de comportamiento las que consideramos más conflictivas tras el «contacto»; sino las que, al paso del tiempo, el sujeto va a comenzar a experimentar. Pautas que pueden variar en muchas formas, pero que unas veces positivamente y otras en forma negativa van a ocasionar que un sujeto «contactado» o «abducido» cambie totalmente su personalidad tras sus encuentros con «tripulantes».

Las repercusiones psicológicas que suceden tras el encuentro con estos «seres» podríamos decir que están marcadas, como ya hemos indicado, por momentos positivos y negativos en la conducta y personalidad del individuo, hecho que nos lleva a exponer los ejemplos de casuística donde analizamos esta incidencia en dos divisiones, una que vamos a titular «Efectos psicológicos negativos en la conducta y personalidad de individuos contactados» y otra que sería lógicamente lo contrario, esto es, «Efectos psicológicos negativos en el individuo contactado».

Queremos dejar claro que, pese a la división, nos inclinamos a pensar que todo tipo de encuentro, en una medida u otra, va a ser negativo para el sujeto, pues la realidad es que va a producir un efecto traumático. Y si no, analicen cualquiera de ustedes, los que están leyendo este libro, si no sufrirían un fuerte shock nervioso —que les llevaría a cambiar su personalidad psicológica, por muy preparados y convencidos que estuvieran— ante la «realidad» del fenómeno ovni. Realidad correspondiente a un fenómeno que no parece «dar» nada a los humanos. Y sí, sin embargo, mucho de experimentación a «ellos». Por lo menos insistimos, y quizás estemos pecando de pesados, en que el encuentro, por muy positivo que resulte para el individuo «contactado», siempre va a suponer una violación de su intimidad psicológica, al ser «elegido» por «ellos»; precisamente ésta es una auténtica pregunta que todos los contactados se suelen hacer: ¿Por qué a mí?...

Efectos positivos en la conducta de los «contactados»

Del libro *Ciencia extraterrestre*, cuyo autor es el notable investigador argentino Pedro Romaniuk, extraemos el caso sucedido a V. M. la noche del 30 de diciembre de 1972, en el que podemos observar algunos aspectos positivos del «encuentro» con tripulantes de ovnis.

«... A las 22,20 horas, en un paraje descampado a 5 o 6 kilómetros de una ciudad, acompañado de un perro y una gata madre que amamantaba tres pequeños gatitos, el señor V. M., anciano de setenta y tres años de edad, con estudios de 2.º grado primario, escucha su radio de transistores, cuatro pilas que, inexplicablemente, experimenta «fallos» repetidos. En ese instante, escucha un fuerte «zumbido» similar a un enjambre de abejas y, al mirar hacia lo alto (ya que de allí provenía), observa una gran «luminosidad» que se intensifica y, dentro de ella, un gigantesco «objeto» redondo que giraba velozmente, de un diámetro aproximado de 20 a 25 metros, suspendido sobre las copas de unos eucaliptus de 10 a 12 metros de altura.

Tenía unos tubos de 25 a 30 centímetros en su parte central por donde salían cantidades de chispas, mientras que alrededor del «objeto» giraba un gigantesco aro, todo de un color «rojo anaranjado» y con una cabina esférica en la parte central, intensamente iluminada y con dos grandes ventanillas, en una de las cuales se hallaba parada una «persona» (tripulante), a la que veía de cintura hacia arriba, vestida con un traje gris oscuro, cubierto totalmente como si fuese de «rodillos»; su cabeza se hallaba encerrada dentro de una escafandra transparente, de cuya parte superior salía un tubo que llegaba hasta una caja cuadrada que se encontraba a su espalda. (Estas son las palabras reales pronunciadas por el testigo-actor del caso; sencillas y repetidas en más de ochenta oportunidades sin llegar a contradecirse en lo más mínimo.)

Luego de hallarse la nave suspendida sobre los árboles durante unos diez a quince segundos, emitió un «chorro» de chispas desde los tubos colocados en la parte ventral, en el costado opuesto a donde se hallaba V. M., provocando que la nave se inclinase hacia su costado; logró ver a un segundo tripulante junto al primero, ambos con facciones similares a los actuales astronautas. Sus rostros aparecían como de ojos rasgados y finos que miraban fijamente, dando la sensación de profundidad, y una boca que era como una línea fina, sin llegar a definir la nariz ni las orejas.

Al quedar inclinada la nave (ya no le quedaba duda al señor V. M. de lo que se trataba), observó a través de las ventanillas por las que miraban los dos seres y pudo distinguir, sobre la pared opuesta, un estandarte o banderín, de color azul cielo en la parte superior y dorado en la inferior (2/3 arriba y 1/3 abajo) y dentro de un círculo, a su izquierda, se destacaba un «caballito de mar», llamado también hipocampo. Así mismo, al fondo de la cabina advirtió un panel alargado con infinidad de aparatos e instrumentos (relojes, como él los denominó).

Mientras la nave permanecía suspendida e inclinada hacia su lado, partió de ella un intensísimo rayo de luz que le cegó y le hizo bajar la cabeza, dando de lleno en la gata madre. El rayo de luz desapareció instantáneamente, tal como apareció, y el zumbido de la nave se intensificó notablemente, cambiando sus colores del rojo-anaranjado a un azulado-verdoso, a la vez de iniciar un desplazamiento cada vez más rápido hacia adelante y bajar hasta una altura de 4 a 6 metros del suelo una vez sobrepasado el monte de eucaliptos, observando el señor V. M en ese preciso instante que sobre el tejado de la nave giraba velozmente otra rueda similar a la vez de ir dejando en su camino un olor fuerte como a azufre o árnica. Llegó hasta un sector del camino principal por donde pasan cables eléctricos de alta tensión; allí se detuvo un instante, para desaparecer finalmente tras una loma natural con árboles, siempre variando sus colores tal como lo hemos mencionado.

Toda la observación duró alrededor de veinte segundos. Desde ese instante comienzan a producirse sobre el «hombre contacto», señor V. M., los siguientes fenómenos de carácter parapsicológico, que acarrean consecuencias posteriores:

La primera reacción del señor V. M. no fue de miedo o temor alguno; al contrario, ya que levantando un mate que se hallaba bebiendo, invitó a los «extraños» a que descendieran y bebieran junto a él, como signo de hospitalidad de la gente del campo; asimismo debemos destacar que no posee televisión, apenas sabe leer y escribir, ni tampoco tiene acceso a películas sobre temas similares: es un pobre cuidador de un pequeño campito en las afueras de la ciudad, donde se dedica a fabricar ladrillos muy pobremente, además de no beber alcohol, sino leche de una vaca de su propiedad; rechazó definitivamente actos de publicidad y ofertas de dinero para la difusión de este contacto, o mejor dicho semicontacto, ya que fue a distancia y no un contacto directo y cercano entre los tripulantes de la nave y humanos.

En cuanto a los animales que se hallaban junto al

señor V. M. en el instante de la aproximación de la nave, no fue anormal ni tampoco sufrieron consecuencias físicas, salvo que debemos destacar que la gata madre, que se hallaba amamantando —repito— a tres gatitos recién nacidos, desapareció del lugar habitual a pesar de habérsela buscado afanosamente durante varios días por distintas personas, contrariamente a toda costumbre de cualquier animal que se halla amamantando a sus crías y que jamás las dejaría abandonadas; un mes y medio más tarde, el 16 de febrero de 1973, apareció por sí sola con evidentes señales de «quemaduras» en su pelo, huraña y desconfiada hasta con los otros animales, incluyendo sus propias crías; no fue investigada debidamente, porque escapó durante tres días, en que tratamos de controlarla.»

Hasta aquí el relato del propio testigo que hemos extraído del libro citado y que fue hecho directamente a su autor por otro investigador directo del caso. Siguiendo también el relato de Romaniuk sobre el caso, transcribimos la sintomatología que describió de él:

«... Mientras la nave permaneció estacionada en el aire, experimentó una especie de hormigueo en las piernas y como una fuerte vibración, y no la posibilidad de un calambre, tal como se lo planteé, durante un lapsus de alrededor de cuarenta y ocho horas, desapareciendo totalmente al tercer día.»

Entre tres y cuatro horas más tarde del hecho, comenzó V. M. a experimentar un fuerte dolor de cabeza, que iba desde el centro hacia ambos lados, aumentando notablemente, con fuertes latidos en las sienes. Las aspirinas y similares que tomó para reducir el dolor no surtieron efecto alguno; pero desde el octavo día en adelante comenzó a disminuir, hasta que al catorce día desapareció totalmente. A su vez, debemos hacer notar que durante el lapso, el dolor también se extendió hacia la nuca.

A las ocho o nueve horas posteriores al semicontacto, V. M. comenzó a experimentar una fuerte diarrea, que llegó a manifestarse hasta ocho veces diarias; lamentablemente el testigo no controló si la diarrea era o no sanguinolenta —pero me permito afirmar que sí, según veremos más adelante—. Este síntoma se prolongó hasta el octavo día, en que no se produjo más, luego de haber ingerido cuatro tabletas medicinales de «carbón».

Durante lapsos similares y con el síntoma anterior, también sufrió fuertes náuseas con algún que otro vómito, que desaparecieron al cuarto día de producirse.

El día 16 de enero de 1973, el testigo V. M. comprobó una caída anormal de su cabello, desprendiéndosele de 170 a 200 unidades, en varias oportunidades, de una cabellera muy abundante, fenómeno que no experimentó anteriormente, pese a sus setenta y tres años.

Desde el día decimocuarto en adelante aparecieron en la nuca varios granitos «rojizos» con fuerte picazón, que le obligan a rascarse continuamente. El 16 de enero el suscripto contó unos 10 puntitos «rojos» hinchados.

Posteriormente a su experiencia, V. M. tuvo dificultades para hablar, ya que su lengua se le trabó intermitentemente. Persistió durante diez o doce días y fue corroborado por varias personas, como también por el suscripto, aunque ya casi había desaparecido el defecto y sólo sirvió la confirmación de otras personas.

Manifestó también V. M. —pero no hubo testigos que lo corroboraran— que sus ojos experimentaron un lagrimeo, y que juntamente con las lágrimas aparecían unos «finísimos hilos» de diámetros similares a los de un cabello y longitudes de 2 a 3 centímetros, desapareciendo totalmente al quinto día.

Hasta aquí la sintomatología que el señor V. M. manifestó tras el semicontacto. Como podemos apreciar, no resulta muy «positiva», hasta el momento, para el sujeto.

Obviamente, para no cansar al lector, vamos a omitir las incidencias que este suceso tuvo sobre el terreno, como quemaduras, perturbaciones magnéticas, etc., y pasaremos directamente a las conclusiones que sacó el propio investigador del caso, y las posibles incidencias positivas que este suceso tuvo en la vida del señor V. M.

«... Toda la sintomatología mencionada anteriormente, sumada a los rastros y consecuencias físicas, más la forma en que se fueron desarrollando los «hechos», algunos de ellos anticipados por nosotros el 16 de febrero de 1973 y corroborados por el «tiempo» luego, después de haber sometido al testigo V. M. a un proceso natural de «exploración mental» del tipo de hipnosis profunda —días después de haber experimentado el semicontacto—, es lo que me impulsa a emitir un juicio personal de que los síntomas que se manifestaron en él, ya citados precedentemente, al igual que los rastros y consecuencias físicas, también mencionadas, fueron emanaciones directas que se manifestaron momentáneamente, no dañinas ni mortales, por efecto de un tipo de «radiaciones naturales» no «radiactivas», emanadas de la nave extraterrestre; y en cuanto a los fenómenos parapsicológicos que más tarde se desarrollaron y veremos más adelante, también fueron provocados como consecuencia directa de las «ondas mentales» que los «seres», tripulantes del platillo volante, emitieron premeditadamente sobre la mente de V. M., plasmándole los conocimientos que luego pudo desarrollar él muy limitadamente por causas que citamos en el punto c), en una forma algo similar a como hoy se le enseña a una persona, «mientras duerme», tanto un idioma como otros conocimientos, ya que en ambos casos lo que se le inyecta es una energía «vibracional».

En otras palabras, en este caso no se producen, como durante los contactos mentales citados anteriormente, diálogos telepáticos directos y personales, sino que los seres del espacio emiten una onda mental que plasma en el subconsciente del humano determinados hechos o conocimientos acaecidos durante ese contacto indirecto, a causa de los siguientes detalles que se exponen, lógicos y normales:

Aquí, al llegar a este punto, es quizás donde más podemos reflexionar sobre los puntos que Pedro Romaniuk nos va a dar, acerca de si, auténticamente, podemos encontrar en este «semicontacto» elementos que sean auténticamente positivos, a partir de ese momento para el sujeto «contactado», o, por el contrario, significa una causa totalmente negativa e incluso dañina para el humano víctima, como es el caso que narramos del señor V. M. de toda una gama de repercusiones psicofisiológicas en su persona. Ustedes tienen la palabra, nosotros nos estamos limitando a exponer unas pautas del extraño comportamiento que estos «tripulantes» tienen con los humanos.

Siguiendo el extenso relato que nos ofrece Romaniuk sobre el caso, nos encontramos que él divide todas las repercusiones que el asunto tiene en el testigo posteriormente al suceso en apartados, apartados que, insistimos, llevan a obtener las conclusiones de positivez o negativez del caso.

«...a) Que durante un reducidísimo lapso de alrededor de veinte segundos que duró el hecho, el testigo-actor V. M. no habría podido observar y retener en su mente una cantidad tan elevada de detalles y características ínfimas y casi imperceptibles, no sólo para un anciano de setenta y tres años sin estudios y sin desarrollo intelectual y retentivo a través de lecturas de libros, películas o pantallas de televisión, sino para cualquier otra persona preparada y de mentalidad desarrollada, ya que tal reducidísimo lapso no permite ni tan siquiera imaginar todos los detalles que él cita en su declaración, la que fue expuesta en más de 80 oportunidades hasta el 16 de enero de 1973 (y más aún posteriormente), ante un secretario de gobierno, autoridades oficiales, profesionales, científicos e investigadores experimentados; sin llegar a incurrir en ningún tipo de errores propios de personas que pretenden fraguar tales hechos, como también de aquellos que incluso los llegan a crear con su propia mente de tanto y tanto desearlos: en ambos casos se producen contradicciones pronunciadas, a causa de que el hecho denunciado no fue «vivido» por la persona y no quedó por ello «impreso en su subconsciente», sino que sólo fue creándose momentáneamente en forma premeditada en el primer caso, y en el segundo, inconscientemente fue imaginado hasta llegar casi a tomar forma.

b) Otros detalles que me impulsan a emitir un juicio favorable sobre la autenticidad de este caso, como también a la «plasmación» en la mente de V. M. de una «energía vibracional» que luego se traduce en conocimientos, se deben a que ya, durante la exploración mental que mencionamos anteriormente, no sólo se comprobó que el caso había sucedido tal como lo mencionaba en su generalidad, sino que, incluso, le anticipamos en este instante al igual que a muchas otras personas presentes, incluyendo autoridades, que más adelante se le producirían algunos «fenómenos parapsicológicos» en su mente, a medida que se fueran desarrollando la apertura de canales o facultades extrasensoriales en plazos breves y tal como ya se comprobaron en otros casos similares —uno más, en la misma zona y a pocos kilómetros de donde se manifestó éste—, que aparecen en los humanos luego del acercamiento de inteligencias procedentes de otros mundos más evolucionados que el nuestro.

c) Fue por tal causa que durante nuestra primera investigación realizada se recomendó «especialmente», tanto al señor V. M. como a las autoridades y personas más allegadas al caso, que éste fuese «retirado u ocultado» de la zona hacia un sector lo más aislado posible —ya fuese de costa marina, montaña o boscoso—, pero totalmente solitario y alejado de toda injerencia humana, exento de radio, revistas y toda otra publicación; o sea, V. M. debía convertirse en un ermitaño, en un lugar solitario y desolado, a los efectos de poder desarrollar de esta forma toda la energía vibracional que había sido plasmada en su mente, que entonces adquiría diversos conocimientos y sabidurías que hasta ese instante jamás había poseído.

... d) Así fue cómo una vez desaparecidos los malestares físicos, y al trascender algunos pequeños detalles, cuando los fenómenos parapsicológicos comenzaron a manifestarse sobre V. M. a través de una fuerza y resistencia muy superior a la que había mantenido anteriormente, y totalmente fuera de lo común para su edad —setenta y tres años—; cuando algunos conocimientos comenzaron a aflorar a su mente tal como si fueran propios; cuando comenzó a hablar y hablar durante horas a todo aquel que se le acercaba, imprevistamente, dentro de los cuarenta y cinco a sesenta días de producido el hecho. Se vio rodeado de multitudes de pseudo-investigadores que incluso acamparon dentro de la finca, cantidades de periodistas, fotógrafos, reporteros de radio y televisión, quienes comenzaron a desarrollar interminables y malísimos interrogatorios, ya que le hablaban y contaban anécdotas ajenas a su relato, para, finalmente, caer en manos de personas imbuidas de fanatismos religiosos que comenzaron a protegerlo, que también sólo exponían sus puntos de vista religiosos dentro de su ya atormentada mente, que había escuchado, en un par de semanas, miles de veces más palabras y teorías que durante sus setenta y tres años anteriores...

... e) Ya del 19 al 25 de febrero de 1973, en que volvimos nuevamente a él, comprobamos el tremendo «desvío» que comenzó V. M. a experimentar durante sus conversaciones y explicaciones de muy versada naturaleza, donde incluso se producían pequeñas anomalías psicológicas o también rayando la esquizofrenia en algunos casos aislados, ya que su pobre mentalidad, en estado semivirgen hasta antes del semicontacto, se vio transformada en un gigantesco laberinto de preguntas, respuestas, historietas, teorías y personas que nunca jamás anteriormente había experimentado ni visto.

f) Pero en casi todo momento que hablaba dejó transcender los conocimientos y la sabiduría que le fue anticipada durante la exploración mental sobre astronomía, física, matemáticas, filosofía, antropología y otros, que comenzaban a aflorar normalmente en él como si fueran pensamientos propios y procedentes de su subconsciente, donde le fue plasmado por los tripulantes extraterrestres; pero que, a la vez, se fueron mezclando con las otras charlas caóticas que le inyectaron los seres humanos que le visitaron. Todo lo cual, presumiblemente, llegó a crear un «caos mental» que le hizo hablar durante siete y ocho horas continuadas sobre temas de muy variada índole y respondiendo a varias personas a la vez, dándose incluso el caso de mencionar cifras de distancias que unían a la Tierra con mundos de donde provenían los tripulantes del disco volador que lo habían visitado, en millones de millas que traducía instantáneamente a kilómetros, como así también una terminología médica no común a personas de nivel medio, sobre la que se expresaba con notable rapidez, corrección y absoluta seguridad sobre todo, porque no ofreció titubeos de ninguna naturaleza...»

Hasta aquí el relato que Pedro Romaniuk hizo sobre las incidencias del caso en el testigo. Pensamos que son ustedes, los lectores, los que deben extraer las conclusiones. ¿Realmente merece la pena tener un contacto así para vivir semejantes resultados...?

8

Agresiones producidas por tripulantes de ovnis

¿Hasta qué punto existe una dependencia excesiva en esta fenomenología extraterrestre?

¿Por qué todo tipo de extraterrestres que dicen venir en misiones de Amor prescinden de tocar el tema de los fenómenos negativos? Todos los extraterrestres del tipo mesiánico justifican los raptos y capturas de ganado y seres humanos en función de crear una nueva sociedad; pero ¿qué decir cuando los extraterrestres propinan una soberana paliza a un ser humano? Veremos este caso más adelante.

Si en el Universo existen «seres» cuya peligrosidad parece evidente, ¿no es justo exigir una explicación de todas esas agresiones? ¿Y si más allá de nuestro mundo se está tramando un dominio de nuestro planeta por parte de extraterrestres que aparentan bondad y amor? ¿Y si se pretende ir capturando seres humanos para robotizarlos o «programarlos»? ¿Hasta qué punto es ético que un «ser» extraterrestre «programe» a un ser humano?

Programar es robotizar, negar la libertad. Si realmente hay seres programados (caso de Siragusa, Ibrahim y un largo etcétera), ¿no les parece que hay cierto despotismo extraterrestre? O al menos cierto peligro...

Como en capítulos anteriores, nosotros no vamos a entrar en polémica. Ustedes son quienes deben extraer sus conclusiones. ¿Son negativos para el ser humano estos contactos?

El caso de Benacazón

A las 0,30 horas del 28 de enero de 1976, Miguel Fernández Carrasco, de veinticuatro años de edad, natural y residente en Benacazón (Sevilla), regresaba a su pueblo desde Sanlúcar la Mayor, después de haber permanecido hasta esa hora con su novia, Carmen Alvarado, que reside allí. Marchaba a pie, animando el paseo de cuatro kilómetros silbando y canturreando.

De súbito, en el cielo estrellado se hizo visible una especie de «estrella» que dio una fugaz «pasada» en el aire, desapareciendo seguidamente sin dejar otro rastro que en el ánimo de Miguel, donde fue asociada a una «estrella fugaz». Pasados unos instantes, y de nuevo inesperadamente, la «estrella» volvió a repetir su acrobacia, evidentemente más cerca.

Habían transcurrido unos treinta minutos aproximadamente cuando un insólito artefacto ruidoso comenzó a descender a algunos metros del testigo...

«... Aquel objeto era una especie de vehículo más alto que ancho, en forma de prisma cuadrangular (hasta tal punto que Miguel lo comparó a una cabina telefónica, aunque algo más grande) y de un color verdoso oscuro. Sus dimensiones eran unos dos metros de ancho por casi el doble de altura. Encima poseía una cúpula giratoria que despedía fulgores rojos y blancos. Cerca del borde superior del tronco de la supuesta cabina con el sistema giratorio de luces, un par de apéndices en forma de aletas (de medio metro cada una, según el testigo) se iba desplegando. El ovni se sustentó sobre el suelo con un trípode, y una puerta en forma de medio arco fue vista en su parte baja. Rápidamente, la portezuela se abrió girando sobre supuestos goznes, mientras una deslumbrante luminosidad surgía del interior del artefacto y una rampa se prolongaba hasta tierra. El sonido del aparato era muy fuerte y semejante al de un tractor (sonido que el testigo conoce muy bien por estar dedicado a la agricultura); mientras toda esta secuencia de rarezas se desplegaba ante el asombrado Miguel, dos figuras de aspecto humano surgieron de la abertura y saltaron a tierra.

Por espacio de breves instantes, dos tripulantes humanoides se pusieron en pie sobre el suelo, hasta que de nuevo regresaron al ingenio aterrizado. Estos seres tenían apariencia humana y medían cerca de dos metros de altura. Iban vestidos con un atuendo ceñido, de una sola pieza y de color oscuro brillante (que Miguel compara a unos trajes de «hombres rana»). No pudo verles la cara, aunque distinguió perfectamente la ancha hebilla de su cinturón, provista de una luz roja intermitente en su centro.

Entonces la pareja de tripulantes se puso a hablar entre sí, sin iniciar ninguna acción hacia el testigo... Durante todo aquel «espectáculo» extraño, nuestro testigo comenzó a ser presa de un gran pánico y su primera idea fue huir de lo que le parecía ser una pesadilla...

Miguel salió entonces corriendo hacia Benacazón. Los dos seres rápidamente se introdujeron en el aparato e hicieron elevarse a éste, volando a baja altura sobre el agricultor... Ya sobre el testigo, el objeto lanzó como una especie de andanada luminosa, o un relámpago, que el joven sintió abrasador. Con el fogonazo, Miguel perdió el conocimiento...

Cuando Miguel volvió en sí había transcurrido algo más de una hora (el aterrizaje se produjo sobre la una de la madrugada) y se encontraba en la puerta de su casa, tendido en el suelo a la entrada (la casa es un bajo) tiznado y sucio, repitiendo, en un verdadero ataque de histeria, que se cerrase la puerta a fin de que no se introdujese dentro la «estrella». Sus dos hermanos, que estaban ya durmiendo, se despertaron y corrieron a atenderle. Todo había pasado ya, aunque quedaban muchas cosas por ordenar en la mente de Miguel, testigo excepcional de un caso más de la fenomenología de sucesos más insólita de nuestro siglo...

La primera en despertarse a los gritos de su hermano fue Teresa, quien despertó a su otro hermano. Ambos acudieron a ver qué era aquel estrépito. En medio de la apertura de la entrada, con la puerta totalmente franqueada, se encontraba el testigo, tirado en el suelo, repitiendo su temor sobre la «estrella». Tenía la chaqueta manchada por su parte derecha de una grasa negruzca y espesa que también le había alcanzado la cara y ambas palmas de las manos. Sus dos hermanos intentaron limpiarle, pero afirman que no lo lograron; en vista de eso le acostaron...

Cuando llegó el médico, el agricultor narró por vez primera, coherentemente, lo vivido y se decidió entonces que fuera trasladado al hospital de San Lázaro de la capital de Sevilla. Allí fue internado en la Sala de la

Milagrosa. Miguel declaró que no había bebido nada («sólo dos cervezas») anteriormente al suceso, y se le quitó el tizne que traía, aunque no totalmente. No presentaba heridas o quemaduras y sólo aparecían algo chamuscados los pelos de la barba y del bigote. En la parte derecha de la cara y en las palmas persistían las manchas indelebles.

El doctor Troaño examinó al testigo psiquiátricamente, encontrándolo mentalmente normal, pero muy nervioso y excitado, por lo que le impuso un tratamiento de escasa importancia. La chaqueta manchada está actualmente en proceso de investigación para determinar la substancia adherida a ella...»

Hasta aquí el suceso extractado de la revista *Stendek* y narrado por el testigo al excelente investigador sevillano Miguel Peyró. ¿Mereció realmente la pena para el testigo este encuentro con tripulantes? Posiblemente, aún hoy se lo esté preguntando...

La joven perseguida

«... La noche del 12 de julio de 1976, Isabel Pujana, joven de dieciséis años, se dirigía hacia su domicilio, en el caserío "Yurrebaso", a unos tres kilómetros de la población vizcaína de Yurre. Eran las 10,45 de la noche. La carretera es prácticamente intransitada la mayor parte del día, pues sólo sirve para unir algunos caseríos diseminados por las laderas de las montañas con el núcleo urbano de Yurre. La ruta discurre por un valle entre montañas cubiertas de altos pinares. Podemos añadir, sin rubor alguno, que casi impresiona a plena luz.

Pues bien: Isabel, que había hecho ese camino muchas veces, observó que un objeto volante, que producía una fuerte luz cambiante del rojo al amarillo, surgía desde detrás de los montes de Dima, acercándose a gran velocidad hacia ella. El objeto, según describe Isabel, era "como dos platos de Duralex", unidos por la parte cóncava... y mediría alrededor de 12 metros de diámetro...

Viendo que el ovni se acercaba a ella, la muchacha corrió desesperada, siendo perseguida por el objeto a una distancia de unos 10 ó 15 metros, es decir, tremendamente cerca. La persecución duró unos cinco minutos. La joven quiso refugiarse en un caserío próximo, pero cuando iba a hacerlo observó que el misterioso objeto había desaparecido.

Según Isabel, el artefacto tenía "cuatro patas" que terminaban en dos puntas, y era, como el vidrio, transparente, presentando en su interior un núcleo azul, que Isabel no acierta a explicar en su relato. El objeto, por otro lado, actuó, en todo momento de una forma absolutamente silenciosa.»

José L. Guillena, que la entrevistó a fin de extraer algunas conclusiones sobre el caso, nos relata el drama que sufrió esta joven en días posteriores al «encuentro» con el ovni...

«... Deseando conocer con todo el detalle posible este interesantísimo caso, el día 13 de noviembre de 1976 viajamos hasta el caserío «Yurrebaso». Al aproximarnos a la casa, y en el portal de la misma, pudimos percibir una figura femenina que corría velozmente hacia el interior. Nos presentamos a los padres de Isabel, rogándoles nos permitiesen hablar unos momentos con su hija. Y aquí viene lo dramático del caso.

Sin duda, la joven estaba escuchando, pues no bien hubo entendido que deseábamos hablar sobre el suceso, comenzó a gritar de una manera escalofriante, negándose totalmente a dejarse ver, mientras se encerraba en su habitación. Sus padres —había lágrimas en los ojos de la madre y temblor en la voz del hombre— nos dijeron que era imposible hablar con ella, pues aún —cuatro meses después del suceso— no se había recuperado de la impresión. Isabel había sido tratada por dos doctores, y seguía en tratamiento. Los médicos habían recomendado que no se mencionara en absoluto lo sucedido en su presencia. El padre, concretamente, manifestó que Isabel había cambiado de una manera radical. Ya no bajaba nunca sola al pueblo, ni se aventuraba de noche en el exterior del caserío. Ni tan siquiera salía a la puerta si había caído ya la noche. Sufría pesadillas y estaba siempre nerviosa, y había abandonado casi por completo los estudios, que antes desarrollaba brillantemente. Según los doctores, la única solución para Isabel es el paso del tiempo, que todo lo borra...»

El caso Díaz

Otro caso sumamente dramático es el sufrido por el señor Díaz, y que, como bien indica al comienzo de su artículo el notable investigador Pedro Romaniuk, sería para el testigo una de las experiencias más espeluznantes de su vida, la cual no sólo quedaría por siempre grabada en su mente, sino que incluso afectaría a su vida futura:

«... Cuando el joven Carlos Alberto Díaz, de veintiocho años de edad, salió de su casa, en Ingeniero White, a las 19 horas del 4 de enero de 1975, para dirigirse a su trabajo nocturno en un club-restaurante, no imaginó ni remotamente que durante esa noche encapotada y luego lluviosa iba a tener lugar en su vida un extraño suceso... Luego de cumplir largas horas como mozo, en la madrugada del 5 de enero finalizó su tarea y se retiró, comprando el periódico *La Nueva Provincia*, editado en Bahía Blanca, en la puerta del comercio en que trabaja, arribando en ómnibus hasta la proximidad de su casa a las 3,30 horas.

Luego de haber caminado varias manzanas de casas y hallándose apenas a una de su domicilio, habiendo pasado previamente por una larga y desolada playa, en medio de la noche totalmente oscura, encapotada y próxima a llover, apareció imprevistamente un "rayo de luz" brillantísimo que lo encegueció momentáneamente, y que Díaz tomó por producto de un rayo de la tormenta eléctrica que se avecinaba. Pero aclaró, en forma segura, que el rayo no era recto, sino "quebrado" y que no había producido ruido alguno. Pasado su enceguecimiento, recuperó la vista totalmente, pero se halló muy asustado e intentó salir corriendo hacia su domicilio que está a la vista; pero no pudo moverse, pues estaba completamente inmovilizado a causa de una parálisis total en todo su cuerpo que le petrificó en el lugar. Su vista y demás sentidos se hallaban perfectamente, y desde ese instante percibió un intenso "zumbido" —no fuerte—, como si fuese de "aire o viento", como lo denominó.

Allí comenzó su extraña e inverosímil aventura, ya que, a pesar de hacer todo lo posible por evitarlo, fue arrastrado y absorbido hacia las alturas por el "zumbido" ventoso del rayo. Mantuvo plena noción de lo que sucedía y la vista perfecta, hasta hallarse a unos tres metros de altura; pero luego perdió la visión y el conocimiento de todo lo que le rodeaba, mientras siguió siendo absorbido hacia arriba.

Despertó sin poder precisar el tiempo transcurrido en el interior de algo que define como una "esfera" totalmente lisa y brillante, pero no iluminada con luces —pues no las había—, sino con un brillo que provenía de las mismas paredes, que se asemejaban al plástico semitransparente. Tampoco había en toda la esfera ningún mueble o aparato.

Allí permaneció Díaz recobrado y con plena lucidez, entre arrodillado en cuclillas o de costado sobre sus muslos, siempre arrimado a varios orificios existentes en el piso de la esfera, de alrededor de tres centímetros de diámetro, por donde brotaba aire puro que respiraba ávidamente y le permitía permanecer consciente.

Comprobó Díaz que, cuando se retiraba de los mecionados orificios, experimentaba náuseas y comenzaba a desvanecerse, por lo cual permaneció arrimado allí continuamente.

Preguntado sobre el diámetro y la altura de la esfera donde se hallaba, la estimó de 2,50 metros de ancho y casi tres metros de alto, repitiendo que no poseía ningún mueble ni aparato.

Imprevisiblemente, penetraron, deslizándose muy suavemente, tres seres de semajanza humana, resaltando especialmente el color "verde" de la piel de su rostro y cabeza. Pero tal rostro se hallaba totalmente desprovisto de ojos, nariz, boca y orejas, y la cabeza no tenía cabellos, siendo el tamaño casi la mitad de la nuestra. Su estatura oscilaba entre 1,75 y 1,80 metros, esbeltos y semidelgados, cubiertos con algo que Díaz define como "goma" de color crema claro y sumamente blando, según pudo comprobar reiteradamente más adelante, pero que contrastaba profundamente con el color "verde musgo" de su piel totalmente plana y exenta de protuberancias o concavidades. El verde musgo que mencionamos surge durante el minucioso, extenso y profundo examen a que Díaz fuera sometido por médicos, psiquiatras, psicoanalistas y otros especialistas, conjuntamente con autoridades de la Policía Federal, en el Hospital Ferroviario de aquella ciudad, donde estuvo internado en observación durante varios días, y de los muestrarios de colores que le fueron exhibidos, (Participaron en total unos 46 especialistas.)

Díaz describió a los tripulantes del objeto como completamente lampiños, ya que tampoco poseían vello. Dotados de dos brazos similares a los nuestros, pero grotescos e impresionantes, ya que no tenían dedos ni manos y terminaban en especies de ‘‘muñones”. Eran brazos casi rectos y en ningún instante observó Díaz que se articularan; pero sí dotados de gran flexibilidad, como comprobó posteriormente, y cubiertos también completamente por la blanda y clara ‘‘goma”.

Desde ese instante comenzó para Díaz la segunda etapa de la terrible aventura, como él la denomina. Intermitentemente, los ‘‘seres” verdes apoyaban ambos brazos sobre su larga y abundante cabellera (hasta esos momentos) e iniciaron la tarea de arrancarle mechones de cabellos, lo que lograban perfectamente, porque al retirar los brazos de su cabeza arrastraban grandes y largos mechones, lo que les causaba regocijo y alegría (así lo interpretó Díaz por sus agitados movimientos de brazos); ello parecía ser su principal interés: el obtener muestras de cabellos. Todo en medio de tremendos forcejeos y la tenaz resistencia que opuso Díaz. Entonces percibió físicamente lo blando de la cobertura de su cuerpo (que denominó goma). A pesar de hallarse aterrorizado, Díaz pudo darse cuenta de que los brazos de los seres estaban dotados de especies de ‘‘ventosas” que arrastraban y le arrancaban los cabellos; pero con la extraña particularidad de que Díaz en ningún momento sintió dolor.

Las operaciones se repitieron en varias oportunidades, y la víctima pudo observar que los seres, a pesar de que se movían muy lentamente, poseían una fuerza extraordinaria y parecían incansables. También repitieron las operaciones en el tórax y pecho, de donde le fueron extraídos vellos, tal como se pudo advertir poco después en los análisis.

Después de sus terribles experiencias, Díaz sintió nublarse su vista paulatinamente y finalmente perdió la visión, al quedar nuevamente desvanecido. Desde entonces no recuerda ningún detalle más...

Pasadas varias horas, Díaz despertó bruscamente, tendido en el pasto; y debió cerrar los ojos a causa del sol que brillaba sobre él, sin poder precisar dónde se hallaba.

Estaba totalmente recuperado y consciente de sus actos y sentidos, en las cercanías de lo que parecía una carretera importante. Miró la hora, y encontró su reloj parado a las "3,50", detalle que da la pauta del instante exacto del comienzo de su aventura. En ese momento sintió náuseas, y las tentativas de vómitos se prolongaron durante todo ese día hasta su internación en el Hospital Ferroviario. A su lado se halló su bolsa con la ropa de trabajo que traía, al igual que el ejemplar del periódico *La Nueva Provincia*, que había adquirido aquella madrugada en Ingeniero White, todo intacto.

Apareció, en el momento de despertar, un señor conduciendo un automóvil por la carretera, que se hallaba a unos 30 metros del lugar donde yacía Díaz, que aún no sabía dónde estaba. El automóvil se detuvo, y el señor, que creyó que Díaz había sido atropellado al ver su bolso y diario a su costado, cuando escuchó su explicación y vio que faltaban manojos de cabello en su cabeza, se ofreció a llevarle hasta el Hospital Ferroviario, al que arribó al cabo de veinticinco minutos (eran ya las 8,00 horas del 5 de enero de 1975). Ya no le cabía la menor duda a Díaz en esos momentos de que viajó a bordo de una nave aérea guiada por tripulantes extraterrestres...

Así fue internado en el Hospital Ferroviario, sito en Retiro, capital federal, a las 8,00 horas. Allí fue revisado y controlado constantemente por un numeroso grupo de 46 médicos y especialistas de diversas ramas durante cuatro días. El mismo director del hospital se encargó de dar cuenta a la Policía Federal (comisaría número 46), la que de inmediato se hizo presente, dando intervención al juez correspondiente, a la vez que iniciaba el sumario, en vista de las condiciones físicas que presentaba Díaz.

Asimismo, se notificó a su esposa y demás familiares en Ingeniero White (Bahía Blanca), quienes se hallaban alarmados por su ausencia, pues nunca había llegado a su domicilio más tarde de las 4,00 ó 4,30 horas; y eran ya las 8,30 horas. La llamada desde la capital llegó a las 09,20 horas, causando gran consternación e impacto. Sus familiares se trasladaron ese mismo día en tren a la capital, donde arribaron casi a medianoche (de Ingeniero White [Bahía Blanca] a Buenos Aires hay 785 kilómetros).

Continuas revisiones, análisis por psicoanalistas y psiquiatras y demás inspecciones se fueron efectuando sobre el señor Díaz (incluyendo una junta médica), sin que se constatara ninguna enfermedad ni alteración fisiológica o psicológica, salvo las náuseas ya mencionadas que experimentó durante todo el día 5 de enero, como asimismo la falta de apetito. Sólo ingirió —y por la fuerza— una taza de leche...»

A los veinticuatro días del regreso a su domicilio del testigo Díaz, Pedro Romaniuk llevó a cabo una excelente investigación, de la que extractamos lo siguiente:

«... Damos comienzo a una experiencia sobre "exploración mental", tratando el suscrito de percibir lo que se halla registrado en su inconsciente. Comenzamos a "visualizar" la aventura vivida por Díaz sin tropiezo alguno, hasta el preciso instante en que hacen su aparición —dentro de la esfera— los tres seres "humanoides pero no terrestres" como él los define; entonces Díaz reaccionó violentamente y de una manera brusca y me retiró las manos que tenía apoyadas sobre su cabeza, y se negó terminantemente a continuar la experiencia...

«... Pasados treinta minutos vuelvo a insistir para continuar la experiencia, a lo que Díaz contesta que regrese horas más tarde y que mientras tanto, él consultará consigo mismo sobre lo que mejor le parezca hacer...

...«Pasadas las 15,00 regreso a su hogar y en esa oportunidad —previa aceptación de Díaz— damos comienzo nuevamente a la investigación. La víctima del "contacto" manifestó lo siguiente:

a) Que el cuerpo de aquellas inteligencias, que aparecía cubierto totalmente hasta el cuello —incluyendo los pies—, es de contextura muy esbelta y de una semejanza extraordinaria entre sí, sin aparatos ni cinturones de ninguna naturaleza.

b) Es sumamente extraño lo referente a su cabeza: es la mitad en tamaño de la nuestra. No muestran señales de ninguna naturaleza, ante lo cual cabrían dos posibilidades: la primera, que se trate de una máscara o escafandra que escondería sus verdaderos rasgos morfológicos. Tal escafandra sí podría ser de color "verde musgo", sin que éste sea el color de su piel, ya que por otro lado, Díaz manifestó que en ningún momento pudo tocarla durante sus forcejeos. Tampoco debemos olvidar que al testigo le fueron provistos orificios por donde le llegaba aire para respirar, lo que indicaría que el ambiente de la nave podría no ser apto para los seres extraterrestres debido a que se hallaban dentro de nuestra atmósfera, lo que explicaría también el uso de escafandra.

Continuando la investigación psíquica sobre Díaz, se vislumbra que el interés de esos seres se centralizó sobre los cabellos y vello humanos, de los que ellos se hallarían totalmente desprovistos. Se corrobora la falta de dolor durante la operación de extracción de los cabellos, que, de haber sido dolorosa, habría generado un trauma psíquico en la mente de Díaz, que sería fácilmente detectable. En algunos sectores se observa que el cabello fue "cortado", debido a la enorme absorción a que fue sometido, mientras que en dos o tres zonas observamos que el mismo fue extraído totalmente desde su raíz, dejando completamente limpios los tejidos capilares de la piel, fenómeno éste que no tiene explicación científica. En el caso de que los bulbos capilares hayan sido "dilatados", dejando salir los cabellos libremente debido a la acción de alguna fuerza extraña generada por esos seres, o si, en cambio, los cabellos fueron arrancados desde sus bulbos capilares, en cualquiera de ambos casos los seres debieron actuar psíquicamente sobre la mente de Díaz, insensibilizándolo al dolor que ello provocaría. A causa del desconocimiento de los 46 profesionales, que actuaron a las pocas horas del hecho, de este tipo de fenomenología, y al no haber efectuado un análisis "microscópico-fotográfico" sobre los bulbos capilares, sólo emitimos el juicio en base a la exploración mental. De ella no surgen tampoco rastros de "insensibilización" alguna que pudiera haber quedado impresa en la mente de Díaz; ante lo cual se podría aceptar que en base a la acción de alguna energía extraña emitida por los seres (similar a la dilatación que produce el vapor caliente en nuestra piel) se hubiese provocado una gran expansión de los bulbos capilares que permitieron a los cabellos ser retirados mediante las "ventosas" de sus brazos sin mayores problemas...

Otro detalle que debemos mencionar se refiere a que dos personas sensitivas diferentes han captado una energía vibracional muy intensa en Díaz. La primera, mientras era atendido el 5 de enero por un especialista en radiografías (se le tomaron unas 10) y que no tenía conocimiento alguno sobre la aventura de Díaz, experimentó un fuerte choque al tomar su cabeza para mejorar su posición, y la segunda, durante la investigación psíquica. Por tal causa nos inclinamos a opinar que en un plazo de tres a cuatro meses aproximadamente Díaz podría experimentar cambios o mutaciones importantes de orden psíquico-emocional anímico que incluso podrían variar fundamentalmente su comportamiento...».

La dependencia del «contactado»

Otro grave mal que acontece en el «contacto» o «abducción», tras el encuentro con los tripulantes extraterrestres es la dependencia, dependencia que en algunos casos pensamos puede ser altamente alarmante. Veamos, si no, hasta qué punto el ser humano es «robotizado». Lean lo que sigue y juzguen ustedes. Del texto titulado *El libro del misterio*, cuyos autores son

Jacques Bergier y George H. Gallet, y que incluye colaboraciones del equipo del *Giornale dei Misteri*, extractamos la biografía que hace Eugenio Siragusa de sí mismo; ahí se puede apreciar hasta qué punto él mismo está convencido de estar «programado» por seres extraterrestres:

«... Siciliano nacido en Catania, es un quincuagenario de atractiva personalidad. Hombre modesto, afable, seguro de sí mismo, tiene dos hijos y es muy estimado de quienes le conocen, tanto en el plano privado como profesional (actualmente ya no ejerce profesionalmente como funcionario que era en la administración de Catania).

Dice Siragusa: «Yo acababa de cumplir treinta y tres años. Por razones profesionales, me había levantado muy temprano, como de costumbre. Llegado a la plaza dei Martiri, estaba esperando el autobús y me había apoyado en la balaustrada de la avenida frente al mar. De pronto vi en el cielo una especie de círculo luminoso de un color blanco azulado (como de mercurio) que iba a un ritmo muy rápido. Esta luz se hacía cada vez más viva a medida que se aproximaba. Entonces empecé a distinguir en su interior un objeto parecido a una especie de gran trompo o sombrero de sacerdote, que se detuvo encima de mí. Confieso que me sentí aterrorizado. Hubiera querido huir, pero no pude. Estaba como paralizado. ¿Qué podía ser aquel objeto? ¿Un milagro? ¿Un aparato experimental? Mil pensamientos bullían en mi cabeza cuando salió de aquella "cosa" un rayo luminoso en forma de clavo retorcido que me alcanzó y me atravesó completamente. Al mismo tiempo me invadió una beatitud indescriptible. Todo temor desapareció. Un instante más tarde, el rayo fue desapareciendo como si hubiera sido aspirado por el ingenio. Un poco como la mancha luminosa que se forma en la pantalla cuando se apaga el televisor. Cuando el rayo hubo desaparecido, aquella "cosa", que era un auténtico platillo volante, como comprendí más tarde, describió un amplio arco de círculo en el cielo y se esfumó en el horizonte.

Cuando recuperé el ánimo comprendí inmediatamente, con una intensidad y una convicción cada vez mayores, que me había sucedido algo extraordinario: una especie de reestructuración de mi personalidad, de todo mi ser.

El choque fue terrible. Me sentía muy mal físicamente. Por si esto fuera poco, me di cuenta, al mirar a mi alrededor, que todo, desde la geometría de las cosas hasta la forma de los coches que pasaban por delante mío, hería mi nuevo sentido estético. Todo me parecía arcaico. No me sentía con ánimos de ir a trabajar y volví de nuevo a mi casa. ¡Día de profunda crisis! De pronto oí una voz interior que me hablaba. Aquel día de mi treinta y tres aniversario fue para mí el de un auténtico cambio metafísico.

Una voz interior empezó a ilustrarme sobre la geología y la cosmología. Me desveló los misterios de la creación. Hizo resurgir en mi mente visiones del pasado, de mis existencias anteriores. Me hizo recordar que hace doce mil años yo era estudiante en Poseidonis, en la Atlántida. Me hizo revivir aquella época maravillosa en que la sabiduría y el amor eran las bases de la civilización. Yo, que jamás había sentido inclinación por el dibujo, sentí de pronto la necesidad de dibujar. Dibujé la forma y la situación de los continentes en la época lemúrica y en la época atlante, así como en épocas anteriores... Enseñanzas telepáticas siguieron a mi primer encuentro con los extraterrestres.

Una tarde de 1962 sentí de pronto el deseo de dirigirme hacia el Etna. Cogí mi coche y marché hacia allí. Tenía la clara impresión de que el coche no era conducido por mí, sino por una fuerza superior... Detuve el coche al borde de la carretera y me dirigí a pie por un sendero que conducía a un cráter apagado. Estaba más o menos a mitad de la pendiente cuando vi destacarse en la negrura de la colina la forma de dos personajes cuyo traje espacial plateado relucía bajo los rayos de la luna llena. Eran grandes, de aspecto atlético, con cabellos rubios que les caían sobre los hombros; llevaban una especie de brazaletes que parecían de oro en las muñecas y en los tobillos, un cinturón fosforescente en la cintura, y unas curiosas placas sobre el pecho. Cuando los vi, se me heló la sangre en las venas y me sentí inundado de sudor.

Hacía once años que esperaba ardientemente este momento. El lugar aislado, el silencio a mi alrededor, la oscuridad de la noche y el inesperado encuentro constituían unos elementos que realmente no contribuían a llenarme de valor y de calma. Pero esto duró poco.

Uno de los extraterrestres dirigió hacia mí el haz luminoso de un aparato que portaba en la mano. De pronto, mi ser fue atravesado con un estremecimiento especial, y sentí una calma y una serenidad indescriptibles...

Miré a los dos seres que tenía delante. Iluminados por la luna, vislumbré unos rostros de trazos singulares y una mirada austera y dulce a la vez. Y entonces uno de ellos me dirigió la palabra en italiano: "La paz sea contigo, hijo mío. Te hemos esperado. Graba en tu mente lo que vamos a decirte." Y me dictaron un mensaje para enviar a los jefes de Estado y a los responsables de la Tierra...»

Así, de esta forma, Eugenio Siragusa se convirtió en el «Mensajero de los extraterrestres». O, si ustedes lo prefieren, en el hombre «robot» de estos seres.

No es el único, por supuesto. Muchos otros han sido también elegidos para formar parte de esa especie de computadoras humanas que están al servicio de «ellos». Lean cómo John Foxter se encontró de pronto al servicio de los «tripulantes»:

«... Fue hace once años, la tarde de un 24 de junio en una clínica de Barcelona, en la que había sido intervenido quirúrgicamente de una apendicitis. La cosa era más grave de lo que se suponía y los facultativos pidieron a la persona que me acompañaba que avisara a mis familiares, pues yo no despertaría a la noche o, si lo hacía, sería por última vez. Cuando me quedé solo, noté una extraña sensación de manipuleo en mi cerebro, como si alguien tratase de ponerse en contacto conmigo, a través del subsconsciente.»

Sigue explicando que sintió unos extraños zumbidos, unos pitidos, «cosas raras», hasta que pasado un rato oyó una voz, algo así como una fonética metalizada que le decía: «"Estás muy grave, pero no morirás... Estás gravísimo; pero nosotros te hemos salvado..."

Supongo —continúa— que sería cuando la persona que me acompañaba se acercaba a la habitación de regreso cuando la voz pareció alejarse; pero retumbando cada vez más y con más sonido metálico. Las últimas palabras que dijo fueron: "Nos perteneces... Nos perteneces... Nos perteneces..."»

Huelga decir que hoy John Foxter es un auténtico defensor de la teoría mesiánica extraterrestre, que convierte a esos seres en auténticos ángeles venidos a salvarnos... Es una hipótesis. Abundan las interpretaciones contrarias. El lector debe tener ya su opinión.

BIBLIOGRAFIA BASICA

— D. E. Keyhoe: *Los desconocidos del espacio.* Ed. Pomaire. Barcelona, 1974.
— Antonio Ribera: *¿De veras los ovnis nos vigilan?* Ed. Plaza y Janés. Barcelona, 1975.
— Rudolph G. Aicardi: *La CIA y los ovnis.* Ed. Posadas. México D.F., 1977
— Antonio Ribera y R. Farriols: *Un caso perfecto.* Ed. Plaza y Janés. Barcelona, 1976.
— Julián Fernández G.: *Autodiálogo.* Ed. Fercas. Madrid, 1968.
— Manuel Saens: *Los sin nombre.* Ed. Orbe. Santiago de Chile, 1974.
— Pedro Romaniuk: *Ciencia extraterrestre.* Ed. Kier y Cía., S. R. L. Buenos Aires (Argentina), 1976.
— Antonio Ribera: *El gran enigma de los platillos volantes.* Ed. Plaza y Janés. Barcelona, 1974.
— Jacques Bergier: *Los extraterrestres en la historia.* Ed. Plaza y Janés. Barcelona, 1976.
— Antonio Ribera: *Proceso a los ovnis.* Ed. Dopesa. Barcelona, 1976.
— E. von Daniken: *El mensaje de los dioses.* Ed. Martínez Roca. Barcelona, 1976.
— Wilhelm Selhus: *Pero estuvieron aquí.* Ed. Argos Vergara. Barcelona, 1976.
— Víctor Zalbidea: *Ovni, análisis de un contacto.* Ed. Tropos Paralelos. Madrid, 1975.
— Brad Steiger: *Proyecto Libro Azul.* Ed. Edaf. Madrid, 1977.
— J. G. Fuller: *El viaje interrumpido.* Ed. Plaza y Janés. Barcelona, 1968.
— Jacques y Janine Vallée: *Fenómenos insólitos del espacio.* Ed. Pomaire. Barcelona, 1966.
— M. K. Jessup: *El caso de los ovnis.* Ed. Populibros «La prensa». México D.F., 1956.
— J. C. Borret: *La nueva ola de los platillos volantes.* Ed. A. T. E. Barcelona, 1975.
— Ray Standord: *El escándalo del ovni.* Ed. Pomaire. Barcelona, 1978.
— Jeremías López de S.: *Próxima, histórica y auténtica venida de los extraterrestres y subterrestres y lo que harán en la Tierra.* Ed. Divulgaciones Benéficas. Piedras Albes (Cáceres), 1970.
— Xavier Colom: *Los extraterres.* Ed. Bruguera. Barcelona, 1975.
— Carlos Batet: *Ovni, la llamada del espacio.* Ed. Alas. Barcelona, 1977.
— Michel Carrouges: *Aparecen los marcianos.* Ed. Pomaire. Barcelona, 1967.
— Coserver: *Aquello que los gobiernos ocultan sobre los platillos volantes.* Ed. De Vecchi. Barcelona, 1976.
— Peter Kolosimo: *Astronaves en la prehistoria.* Ed. Plaza y Janés. Barcelona, 1976.

— Frank Edwards: *Platillos volantes..., aquí y ahora.* Ed. Plaza y Janés. Barcelona, 1976.
— E. von Daniken: *El oro de los dioses.* Ed. Martínez Roca. Barcelona, 1976.
— Peter Kolosimo: *No es terrestre.* Ed. Plaza y Janés. Barcelona, 1977.
— Antono Meneses: *La huella de los ovnis en la tierra.* Ed. Posadas. México D.F., 1967.
— Gianni Lucarini: *Los extraterrestres existen.* Ed. A. T. E. Barcelona, 1976.
— Antonio Ribera: *Platillos volantes ante las cámaras.* Ed. Pomaire. Barcelona, 1966.
— Robert Charroux: *El libro de los secretos descubiertos.* Ed. Plaza y Janés. Barcelona, 1976.
— Peter Kolosimo: *Tierra sin tiempo.* Ed. Plaza y Janés. Barcelona, 1975.
— Peter Kolosimo: *Hermanos del infinito.* Ed. Plaza y Janés. Barcelona, 1976.
— Robert Charroux: *El libro de los mundos olvidados.* Ed. Plaza y Janés. Barcelona, 1976.
— Robert Charroux: *El libro de los dueños del mundo.* Ed. Plaza y Janés. Barcelona, 1976.
— Günter Paul: *Nuestros vecinos del Cosmos.* Ed. Plaza y Janés. Barcelona, 1978.
— Jacques Bergier: *El libro de lo inexplicable.* Ed. Plaza y Janés. Barcelona, 1977.
— Peter Kolosimo: *Sombras en las estrellas.* Ed. Plaza y Janés. Barcelona, 1975.
— Maurice Chatelain: *Nuestros ascendientes llegados del cosmos.* Ed. Plaza y Janés. Barcelona, 1978.
— Marcel Moreau: *Las civilizaciones de las estrellas.* Ed. Plaza y Janés. Barcelona, 1978.
— Michel Granger: *¿Terrestres o extraterrestres?* Ed. Plaza y Janés. Barcelona, 1978.
— Jacques Bergier y otros: *El libro del misterio.* Ed. Plaza y Janés. Barcelona, 1977.
— Michel Granger: *Extraterrestres en el exilio.* Ed. Plaza y Janés. Barcelona, 1976.
— Andrew Tomas: *En las orillas de los mundos infinitos.* Ed. Plaza y Janés. Barcelona, 1976.
— Serge Hutin: *Las civilizaciones desconocidas.* Ed. Plaza y Janés. Barcelona, 1976.
— Adolf Schneider: *Visitantes del Universo.* Ed. Plaza y Janés. Barcelona, 1977.
— Robert Charroux: *Nuestros antepasados extraterrestres.* Ed. Bruguera. Barcelona, 1971.

— Jean-Charles Pichon: *El hombre y los dioses.* Ed. Bruguera. Barcelona, 1970.
— Oscar Caballero: *Los mutantes están entre nosotros.* Ed. A. T. E. Barcelona, 1976.
— Marius Lleget: *¿Qué vio la mujer de Lot?* Ed. A. T. E. Barcelona, 1976.
— Alan and Sally Landsburg: *The Outer Space Connection.* Ed. Batam Books. New York (U. S. A.), 1975.
— Robert Emenegger: *Ufo's Past Present & Future.* Ed. Ballantine Books. New York (U. S. A.), 1974.
— Charles Berlitz: *Mysteries from forgotten worlds.* Ed. Dell Publishing Co. New York (U. S. A.), 1974.
— Paul Misraki: *Los extraterrestres.* Ed. Ediciones 29. Barcelona, 1974.
— George W. Early: *Encuentros con alienígenas.* Ed. Ediciones 29. Barcelona, 1974.
— Mario Lleget-A. J. Branston: *El espacio y los mundos estelares.* Ed. Maucci. Barcelona, 1962.
— Juan José Abad: *Los enigmas de las civilizaciones extraterrestres.* Ed. Círculo de Amigos de la Historia. Madrid, 1977.
— Juan José Abad: *Mensajes de otros mundos.* Ed. Círculo de Amigos de la Historia. Madrid, 1977.
— Juan José Abad: *A la busca de otra humanidad.* Ed. Círculo de Amigos de la Historia. Madrid, 1977.
— C. G. Jung: *Sobre cosas que se ven en el cielo.* Ed. Sur, 1961, Buenos Aires (Argentina).
— Georg Zinnwehr: *Cosmo-a-Gonía,* Ed. Rondas, 1976, Barcelona.
— Carlos Murciano: *Algo flota sobre el mundo,* Ed. Prensa Española, 1969, Madrid,
— Guy Tarade: *Documentos de lo extraño.* Ed. Daimon, 1976, Barcelona.
— Eugenio Danyans: *Platillos volantes en la actualidad.* Ed. Pomaire, 1969. Buenos Aires (Argentina).
— Victoriano del Pozo: *Siragusa, mensajero de los extraterrestres.* Ed. Edaf, 1977, Madrid.
— Jacques Bergier: *A la escucha de los planetas.* Ed. Plaza y Janés, 1970, Barcelona.
— Von Daniken: *La respuesta de los dioses.* Ed. Martínez Roca, 1978, Barcelona.

— Contactos extraterrestres (versión española), Madrid, Paseo Habana, 66.
— «Stendek» (órgano del C.E.I.), apartado 282 de Barcelona.
— «Vimana» (órgano del C.I.O.V.E.), Rualasal, 22, Santander.
— «Mundo Desconocido» (revista comercial), Barcelona (colección completa).
— «Algo» (revista comercial), años 1968-69-70-71, Barcelona.
— «Karma 7» (revista comercial), años 72-79, Barcelona.
— «Paraciencias» (revista comercial), colección completa, Barcelona.
— «Telepsiquia» (revista comercial). Barcelona.

B. B. T. O. Libros que componen esta colección:

1. Más allá de la muerte.
2. Poderes ocultos de la mente.
3. Los enigmas pendientes.
4. Manual de Espiritismo: De la «oui-ja» a las psicofonías.
5. Mito y realidad de los fantasmas.
6. Ufología: Todo sobre los ovnis.
7. Quiromancia: Ver el futuro en sus manos.
8. La Atlántida y otros continentes perdidos.
9. Teoría y práctica de la Hipnosis.
10. El tarot: El futuro en las cartas.
11. Los tripulantes de los ovnis.

El culto a Satán. De las Misas Negras a la Brujería.
Los poderes mágicos: De los estigmatizados a los faquires.
Teoría y práctica de la Reencarnación.
La gran pirámide: Clave del misterio.
Historia secreta de los ovnis.
Astrología: La ley de las estrellas.
Espiritismo: La respuesta de los muertos.
Las profecías siniestras.
Los emisarios del cosmos.
El sexto sentido: Los ojos de la mente.
Espíritus y duendes: Las casas encantadas.
Extraterrestres en la Biblia.
Los curanderos: ¿Iluminados, superdotados o farsantes?

Títulos de proxima aparición:

EL CULTO A SATAN

Desde que el hombre se enfrenta inteligentemente con los avatares de su vida, viene achacando la existencia del mal a la intervención del demonio, cuya maligna actuación es el camino de perdición más fácil y expedito hacia el infierno, y el caldo de cultivo para que el mal físico y moral se extienda por el mundo.

¿Cómo son los demonios?

¿Podemos pactar con ellos?

¿Cómo se comportan las brujas?

¿Qué son el culto satánico y las misas negras?

¿Cuáles son las prácticas satánicas en la actualidad?

¿Existe, realmente, la posesión diabólica?

Satanás, como un viejo y entrañable amigo, nos ha acompañado con sus malos consejos y ayudas a través de la historia, y hoy su figura se agiganta y pretende ocupar el vacío espiritual provocado por el excesivo desarrollo tecnológico. Conozca, leyendo este libro, cuáles son los poderes del diablo y de las brujas, cómo debemos defendernos de ellos, y de qué manera podemos, si así lo deseamos, recabar su ayuda y compañía.